遇事找法

交通事故纠纷一站式法律指引

李涵宇 陈丹 / 编著

中国法治出版社
CHINA LEGAL PUBLISHING HOUSE

出版说明

遇到法律纠纷怎么办？这是每个人在生活中必须面对的问题。在我国，人们的社会联系广泛，上下级、亲戚朋友、老战友、老同事、老同学关系比较融洽，逢事喜欢讲个熟门熟道，但如果人情介入了法律和权力领域，就会带来问题，甚至带来严重问题。

开展法治宣传教育要求"加大普法力度，完善预防性法律制度，推动形成办事依法、遇事找法、解决问题用法、化解矛盾靠法的法治环境"。法治宣传教育的重要目标在于引导群众遇事找法、解决问题靠法，改变社会上那种"遇事找人不找法"的现象。

公正善良之法、有法可依是"遇事找法"的前提和保证。"一切法律中最重要的法律，既不是刻在大理石上，也不是刻在铜表上，而是铭刻在公民的内心里。"法律应当成为人们的信仰，让人们相信法不阿贵，绳不挠曲，让人们相信合理合法的诉求能够得到及时公正的实现。经过长期努力，中国特色社会主义法律体系已经形成，在社会生活各方面总体上实现了有法可依。

对于普通老百姓而言，在讨说法、打官司、谈条件之前，首先要知道自己遇到的事属于哪一类、法律是如何规定的。为了帮助遇事犯难的人们解决难题，引导人民群众办事依法、遇事找法、解决问题用法、化解矛盾靠法，我们以常见纠纷类型为依托，组织编写了本套遇事找法丛书。

本丛书以最贴近百姓生活的常见法律问题为目录，方便读者以最快捷的方式查找到自己最关心的问题。设置四大板块：遇事、说法、找法、举一反三。

【遇事】板块收录了各类纠纷的生活化小案例，方便读者对号入座，从案例中找到共鸣。

【说法】板块旨在用最简洁的话语告诉读者最可行的纠纷解决办法和最可能的纠纷处理结果。

【找法】板块附上了与"事"对应的相关法律法规、司法解释的规定，方便读者及时查阅。

【举一反三】板块旨在帮助读者通过一个问题类推出同类型纠纷的解决方法。

本丛书的宗旨：让您读得懂、传得开、用得上，遇事不慌不犯难，助您最便捷地解决法律纠纷。

目 录

一、交通事故中的基础法律问题

1. 《中华人民共和国民法典》实施后交通事故赔偿的项目有哪些? ……003
2. 机动车交通事故责任强制保险的赔偿标准是什么? ……005
3. 新交强险赔偿标准出台之前购买交强险，出台后发生交通事故，最高责任数额如何认定? ……008
4. 行人或非机动车与机动车之间发生交通事故的责任如何划分? ……011
5. 交警部门未作出交通事故责任认定的，如何认定双方当事人的民事责任? ……014
6. 刑事附带民事诉讼中，被害人能否主张精神损害抚慰金? ……016
7. 保险公司支公司是否具有诉讼主体资格? ……019
8. 如何理解道路交通事故中的"道路"? ……022
9. 未被强制性要求办理机动车号牌及注册机动车信息以及非强制办理机动车交强险的电动三轮车发生交通事故，责任由谁承担? ……024
10. 交通事故纠纷中，当事人能否请求精神损害赔偿? ……027

二、交通事故中的责任归责问题

11. 盗、抢车辆发生交通事故，责任由谁承担? ……031

12. 租用、出借车辆发生交通事故，责任由谁承担？ 033
13. 买卖机动车未过户，发生交通事故，责任由谁承担？ 035
14. 出借车牌供他人套牌使用并收取套牌费，发生交通事故，责任由
    谁承担？ 037
15. 车辆运输经营人和名义经营人不一致的，当发生交通事故时，
    责任由谁承担？ 039
16. 擅自驾驶他人机动车所导致的交通事故，责任由谁承担？ 041
17. 机动车挂靠经营，当发生交通事故时，责任应如何承担？ 043
18. 买卖报废车辆、拼装车发生交通事故，责任由谁承担？ 045
19. 无偿代驾中，无偿驾驶人是否承担交通事故的赔偿责任？ 048
20. 履行职务过程中发生交通事故，责任由谁承担？ 050
21. 学员在驾校学习期间发生交通事故的，责任由谁承担？ 052
22. 在机动车试乘过程中发生交通事故，责任由谁承担？ 055
23. 机动车存在缺陷导致交通事故发生，责任由谁承担？ 057
24. 在存有缺陷的道路上行驶，发生交通事故，责任由谁承担？ 060
25. 好意同乘，发生交通事故后，责任由谁承担？ 062

三、交通事故中的保险问题

26. 未投保交强险的机动车发生交通事故，造成损害，责任由谁承担？ 067
27. 被保险机动车年检合格但在发生交通事故时检验不合格的情形，
    是否属于保险公司免责的情形？ 069
28. 被保险人投保后，在保单生效前发生道路交通事故的，保险公司
    应否赔付？ 072
29. 仅支付部分保险费，保险合同是否生效？ 074
30. 机动车既有交强险又有商业三责险，发生交通事故后如何认定
    赔偿顺序？ 076
31. 没有投保交强险的车辆在与行人发生交通事故后，是否按照双方在

交通事故中的责任承担赔偿责任？ ……078

32. 发生交通事故的被保险人未对受损害的第三人进行赔付而预先放弃交强险、商业三者险的保险利益的行为是否有效？ ……081

33. 若存在醉驾、无证驾驶等情形，保险公司是否应在交强险、商业三者险限额内进行赔付？ ……083

34. 多辆机动车发生交通事故，部分机动车未投保交强险的，交强险应如何赔付？ ……085

35. 自用车辆从事网约车营运未通知保险公司，发生交通事故后，保险公司是否应当予以赔偿？ ……088

36. 当事人故意制造交通事故，保险公司是否应该承担赔偿责任？ ……090

37. 机动车发生交通事故后逃逸的，保险公司是否应该赔偿？ ……093

38. 实习期内驾驶牵引半挂车发生交通事故，保险公司是否应当予以赔偿？ ……096

39. 交强险"空白期"发生交通事故，保险公司是否应当承担赔偿责任？ ……098

40. 商业三者险合同中约定法律、行政法规中禁止性规定的情形，保险公司是否负有提示说明义务？ ……100

41. 被保险机动车驾驶人无证、醉酒、毒驾等违法驾驶情形下，交强险保险公司的追偿权是否及于车辆所有人、管理人？ ……102

42. 车辆因损坏而停运，出租车司机的车辆承包金损失是否属于交强险的赔偿范围？ ……104

43. 交通事故损害赔偿纠纷案件中，机动车交强险中的分项限额能否突破？ ……106

44. 运输危险货物的机动车发生交通事故致环境污染，损害赔偿责任由谁承担？ ……109

45. 因司机原因导致下车人员人身和财产损失的，保险公司是否应当在交强险责任限额范围内承担赔偿责任？ ……112

46. 连环碰撞交通事故中，同一车辆的交强险可多次使用吗？ ……114

003

47. 机动车所有权在交强险合同有效期内发生变动，当事人未办理保险
变更手续，保险公司可以免除赔偿责任吗？ ………………………… 116

48. 保险公司能否以已向被保险人理赔为由对抗受害人交强险赔偿
请求权？ ……………………………………………………………… 118

49. 机动车在道路外发生交通事故，交强险是否应当予以赔偿？ …… 121

50. 因投保人肇事逃逸造成的损失，保险公司对此是否免除赔偿责任？ … 123

四、交通事故中的其他法律问题

51. 牵引半挂车发生交通事故，赔偿责任如何界定？ ………………… 129

52. 司机在履行工作中发生交通事故造成用人单位损失的，
该损失由谁承担？ …………………………………………………… 132

53. 交通事故导致"特殊体质"人员的死亡，保险公司是否可以主张
减免责任？ …………………………………………………………… 134

54. 被保险机动车辆中的"车上人员"能否转化为机动车交强险及
商业三者险中的"第三者"？ ……………………………………… 136

55. 在一起交通事故中，受害人能否基于不同的法律关系分别提起
诉讼要求相对人赔偿？ ……………………………………………… 138

56. 交通事故中，达到法定退休年龄的受害人主张误工费是否能被支持？ … 140

57. 无劳动能力人在交通事故发生前一直未参加工作，现因交通事故
致残，侵权人是否应赔偿残疾赔偿金？ …………………………… 142

58. 一次交通事故有两次伤残鉴定，受害人的误工费应计算至哪一次
定残日前一天？ ……………………………………………………… 144

59. 轻便二轮摩托车等不符合通行条件的机动车驶入高速公路发生交通
事故致伤亡，高速公路管理人是否承担赔偿责任？ ……………… 146

60. 小客车驾驶人违章停车，乘车人开车门致第三人损伤时赔偿责任应
如何确定？ …………………………………………………………… 149

61. 行人或非机动车与机动车之间发生交通事故，行人或非机动车负全责，

目　录

　　　机动车司机是否需赔付？ 152

62. 在道路上堆放、倾倒、遗撒物品等妨碍道路通行，发生交通事故后，
　　责任该如何承担？ 154

63. 连续购车未办理转移登记，机动车发生交通事故致人损害，
　　登记车主是否应承担损害赔偿责任？ 157

64. 孕妇因交通事故致终止妊娠，是否有权请求精神损害赔偿？ 160

65. 侵权行为导致身份不明的受害人死亡，未经法律授权的机关或者有关
　　组织是否有权主张死亡赔偿金？ 162

66. 保险公司向机动车一方支付保险金后，是否有权向非机动车一方行使
　　代位求偿权？ 165

67. 因道路管理维护缺陷导致机动车发生交通事故，赔偿责任如何承担？ 168

68. 机动车交通事故受害人有被扶养人的，被扶养人的生活费应当
　　如何计算？ 170

69. 非运营车辆发生交通事故后，使用替代交通工具产生的合理费用，
　　法院是否应予支持？ 172

70. 交通事故中，被侵权人的个人体质状况扩大损害后果的，是否可以
　　减轻侵权人的责任？ 174

71. 仲裁或者诉讼的，被保险人支付的仲裁或者诉讼费用以及其他必要
　　的、合理的费用由谁承担？ 176

72. 交通事故发生后，行政机关为查清事故责任依法对相关车辆进行
　　扣押与检测，由此产生的停车费、检测费是否应由侵权人承担？ 178

73. 人身损害赔偿纠纷案件中，社会医疗保险机构已经垫付受害人的
　　医疗费用，受害人能否向侵权人另行主张赔偿？ 181

74. 车辆发生交通事故后，法院是否支持贬值损失？ 183

75. 交通事故中，签订赔偿协议后能否起诉要求撤销？ 186

76. 公共道路妨碍通行导致的交通事故，哪些主体应承担责任？ 188

77. 农村"五保户"因交通事故致死，获赔的死亡赔偿金应归谁所有？ 190

78. 因交通事故致残，赔偿权利人在残疾赔偿金计算年限届满后仍然生存，

005

能否继续请求赔偿义务人支付残疾赔偿金？................................. 192

79. "优者危险负担"原则在认定交通事故损害赔偿责任中如何运用？........ 195

80. 交通事故同时构成工伤并已获得工伤赔偿，受害人就交通事故要求保险公司赔偿是否可以获得法定支持？目前哪些项目不可获得"双赔"？...... 197

交通事故中的基础法律问题

一、交通事故中的基础法律问题

1 《中华人民共和国民法典》实施后交通事故赔偿的项目有哪些？

遇事

2021年6月20日，夏某驾驶重型栏板货车行驶至某乡道时，与对向骑电动自行车的董某相撞，造成董某受伤的交通事故。董某被送往医院后，经抢救无效死亡。董某的近亲属提起诉讼，要求夏某及保险公司承担赔偿责任。就本案而言，交通事故赔偿的项目有哪些？

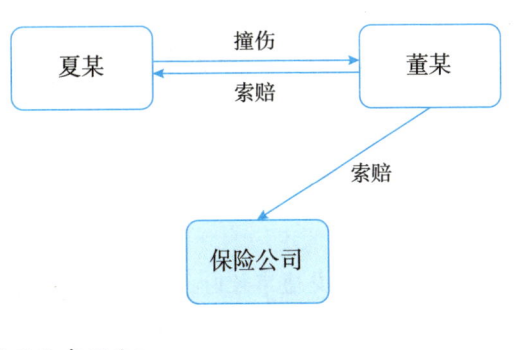

说法

根据《中华人民共和国民法典》及《最高人民法院关于确定民事侵权精神损害赔偿责任若干问题的解释》的规定，侵害他人造成人身损害的，应当赔偿医疗费、护理费、交通费、营养费、住院伙食补助费等为治疗和康复支出的合理费用，以及因误工减少的收入。造成死亡的，还应当赔偿丧葬费和死亡赔偿金。自然人或者其近亲属向人民法院提起诉讼请求精神损害赔偿的，人民法院应当依法予以受理。本案中，夏某驾驶车辆致董某死亡，且夏某为全责，董某亲属可主张的赔偿项目包括医疗费、死亡赔偿金、丧葬费、精神损害抚慰金、财产损失、被扶养人生活费、处理丧葬事宜的误工费等。

找法

《中华人民共和国民法典》

第一千一百七十九条 侵害他人造成人身损害的，应当赔偿医疗费、护理费、交通费、营养费、住院伙食补助费等为治疗和康复支出的合理费用，以及因误工减少的收入。造成残疾的，还应当赔偿辅助器具费和残疾赔偿金；造成死亡的，还应当赔偿丧葬费和死亡赔偿金。

举一反三

当发生交通事故时，受害人最急切的需求就是知晓赔偿的项目内容。根据《中华人民共和国民法典》的相关规定，（1）受害人遭受人身损害的赔偿项目包括：医疗费、误工费、护理费、交通费、营养费、住院伙食补助费等合理费用。（2）受害人因伤致残的赔偿项目：除第（1）项外，还包括残疾赔偿金、残疾辅助器具费、被扶养人生活费，以及因康复护理、继续治疗实际发生的必要的康复费、护理费、后续治疗费。（3）受害人死亡的赔偿项目：除第（1）项费用外，还包括丧葬费、被扶养人生活费、死亡赔偿费以及受害人亲属办理丧葬事宜支出的交通费、住宿费和误工损失等其他合理费用。（4）受害人或者死者近亲属遭受精神损害的抚慰金。

② 机动车交通事故责任强制保险①的赔偿标准是什么？

遇事

2021年6月28日，王某驾驶小型轿车沿某国道行驶时，与高某驾驶的车辆相撞，造成高某受伤的交通事故。交警大队调查后认定，王某对此次事故负全部责任，王某的车辆投保了交强险。事故双方就事故赔偿协商无果后，高某将王某诉至人民法院。本案中，关于事故中的交强险赔偿标准，法律是如何规定的？

说法

根据《中国银保监会②关于实施车险综合改革的指导意见》规定，交强险总责任限额20万元，其中死亡伤残赔偿限额18万元，医疗费赔偿限额1.8万元，财产损失赔偿限额0.2万元。被保险人无责任时，死亡伤残赔偿限额1.8万元，医疗费用赔偿限额1800元，财产损失赔偿限额100元。本案中，王某所驾驶的车辆造成他人损害，交警大队认定王某对此次交通事故承担全部责任。因此，应适用死亡伤残赔偿限额18万元，医疗费赔偿限额1.8万元，财产损失赔偿限额0.2万元的赔付标准。

---

① 以下简称交强险。
② 根据2023年《党和国家机构改革方案》的规定，组建国家金融监督管理总局，不再保留中国银行保险监督管理委员会。下同。

找法

《中国银保监会关于实施车险综合改革的指导意见》

（四）提高交强险责任限额

为更好发挥交强险保障功能作用，根据《机动车交通事故责任强制保险条例》，银保监会会同公安部、卫生健康委、农业农村部研究提高交强险责任限额，将交强险总责任限额从12.2万元提高到20万元，其中死亡伤残赔偿限额从11万元提高到18万元，医疗费用赔偿限额从1万元提高到1.8万元，财产损失赔偿限额维持0.2万元不变。无责任赔偿限额按照相同比例进行调整，其中死亡伤残赔偿限额从1.1万元提高到1.8万元，医疗费用赔偿限额从1000元提高到1800元，财产损失赔偿限额维持100元不变。

《中国银保监会关于调整交强险责任限额和费率浮动系数的公告》

一、新交强险责任限额方案

在中华人民共和国境内（不含港、澳、台地区），被保险人在使用被保险机动车过程中发生交通事故，致使受害人遭受人身伤亡或者财产损失，依法应当由被保险人承担的损害赔偿责任，每次事故责任限额为：死亡伤残赔偿限额18万元，医疗费用赔偿限额1.8万元，财产损失赔偿限额0.2万元。被保险人无责任时，死亡伤残赔偿限额1.8万元，医疗费用赔偿限额1800元，财产损失赔偿限额100元。

三、新方案实行时间

上述责任限额和费率浮动系数从2020年9月19日零时起实行。截至2020年9月19日零时保险期间尚未结束的交强险保单项下的机动车在2020年9月19日零时后发生道路交通事故的，按照新的责任限额执行；在2020年9月19日零时前发生道路交通事故的，仍按原责任限额执行。

一、交通事故中的基础法律问题

举一反三

在交通事故中，关于事故的赔偿标准问题，目前根据《中国银保监会关于实施车险综合改革的指导意见》中所新修改的交强险限额进行赔付。交强险适用的是无过错原则，事故发生后，凡是对第三方造成损失的，无论是否有责任，都属于交强险赔付范围。前提在于事故中的车辆应当缴纳交强险，才能实现保险赔付。在交强险限额范围内，对于死亡赔偿限额提高到了18万元，这在一方面促进了保险救济功能的实现，另一方面也有利于降低驾驶人的赔付风险。

③ 新交强险赔偿标准出台之前购买交强险，出台后发生交通事故，最高责任数额如何认定？

遇事

2020年11月19日，张某驾驶的重型普通货车与停在应急车道内的卢某驾驶的重型仓栅式货车发生碰撞，造成张某、卢某受伤，车辆损坏的道路交通事故。交警大队调查后认定，张某负事故的主要责任，卢某负事故的次要责任。张某亲属就事故赔偿事宜提起诉讼，要求保险公司承担相应责任。诉讼中，保险公司认为交强险购买时间为2020年1月，应按照交强险购买时间的限额进行赔付，不应按照新交强险的限额进行赔付。本案中，新交强险出台之前购买交强险，出台后发生交通事故，最高责任数额如何认定？

说法

根据《中国银保监会关于调整交强险责任限额和费率浮动系数的公告》的规定，新交强险责任限额为死亡伤残赔偿限额18万元，医疗费用赔偿限额1.8万元，财产损失赔偿限额0.2万元；被保险人无责时，死亡伤残赔偿限额1.8万元，医疗费用赔偿限额1800元，财产损失赔偿限额100元。上述责任限额从2020年9月19日零时起实行。截至2020年9月19日零时保险期间尚未结束的交强险保单项下的机动车在2020年9月19日零时后发生交通事故的，按照新的责任限额执行。本案中，交通事故发生于2020年11月19日，无论交强险保单项下的责任限额为多少，均应按照新的责任限额执行。故法院认定保险公司应在新的交强险范围内予以赔偿。

一、交通事故中的基础法律问题

🔍 找法

《中国银保监会关于实施车险综合改革的指导意见》

（四）提高交强险责任限额

为更好发挥交强险保障功能作用，根据《机动车交通事故责任强制保险条例》，银保监会会同公安部、卫生健康委、农业农村部研究提高交强险责任限额，将交强险总责任限额从12.2万元提高到20万元，其中死亡伤残赔偿限额从11万元提高到18万元，医疗费用赔偿限额从1万元提高到1.8万元，财产损失赔偿限额维持0.2万元不变。无责任赔偿限额按照相同比例进行调整，其中死亡伤残赔偿限额从1.1万元提高到1.8万元，医疗费用赔偿限额从1000元提高到1800元，财产损失赔偿限额维持100元不变。

《中国银保监会关于调整交强险责任限额和费率浮动系数的公告》

一、新交强险责任限额方案

在中华人民共和国境内（不含港、澳、台地区），被保险人在使用被保险机动车过程中发生交通事故，致使受害人遭受人身伤亡或者财产损失，依法应当由被保险人承担的损害赔偿责任，每次事故责任限额为：死亡伤残赔偿限额18万元，医疗费用赔偿限额1.8万元，财产损失赔偿限额0.2万元。被保险人无责任时，死亡伤残赔偿限额1.8万元，医疗费用赔偿限额1800元，财产损失赔偿限额100元。

三、新方案实行时间

上述责任限额和费率浮动系数从2020年9月19日零时起实行。截至2020年9月19日零时保险期间尚未结束的交强险保单项下的机动车在2020年9月19日零时后发生道路交通事故的，按照新的责任限额执行；在2020年9月19日零时前发生道路交通事故的，仍按原责任限额执行。

举一反三

除了新交强险出台之前购买交强险，出台后发生交通事故，最高责任数额如何认定的问题之外，实践中还可能存在在交强险"生效"前发生交通事故的情形，在相关条件下，保险公司仍需在交强险范围内承担责任。尤其需注意，机动车所有人、管理人未按规定投保交强险的，交通管理部门有权扣留机动车，并通知机动车所有人、管理人依照规定投保，处依照规定投保最低责任限额应缴纳的保险费的2倍罚款。

4 行人或非机动车与机动车之间发生交通事故的责任如何划分？

遇事

2021年12月9日，李某驾驶小型轿车沿道路由北向南行驶至某路口时，与由东向西步行过道路的倪某发生碰撞，造成倪某死亡、小型轿车损坏的交通事故。交警大队调查后认定，李某因驾驶机动车行经人行横道时未减速而承担事故的主要责任，倪某因步行横过道路时未走人行横道而承担事故的次要责任。事故双方就赔偿事宜协商未果后，倪某的亲属隋某等人提起诉讼，要求李某及保险公司承担90%的赔偿责任。保险公司认为，倪某未走人行横道导致本次事故发生，其存在明显的过错，隋某等原告主张90%的赔偿比例过高。本案中，行人与机动车之间发生交通事故的责任如何划分？

说法

审判实践中，法官会依据各地关于交通事故责任比例区间的规定并结合具体案情酌定赔偿责任比例。本案事发地为山东省，依据《山东省实施〈中华人民共和国道路交通安全法〉办法》第66条第1款的规定："机动车发生交通事故造成人身伤亡、财产损失，超过交通事故强制保险责任限额部分，机动车与机动车之间发生交通事故的，由有过错的一方承担赔偿责任；双方都有过错的，按照各自过错的比例分担责任。机动车与非机动车、行人之间发生交通事故的，非机动车驾驶人、行人没有过错的，由机动车一方承担赔偿责任，但是有证据证明非机动车驾驶人、行人有过错的，机动车一方按照下列规定承担赔偿责任：（一）非机动车驾驶人、行人负事故全部责任的，承担不超过百分之十的赔偿责任；（二）非机动车驾驶人、行人负事故主要责任的，承担百分之三十至四十的赔偿责任；（三）非机动车驾驶人、行人负事故同等责任的，承担百分之六十至七十的赔偿责任；（四）非机动车驾驶人、行人负事故次要责任的，承担百分之八十至九十的赔偿责任。"本案中，交警部门出具的事故认定书证明，倪某因步行横过道路时未走人行横道而承担本次事故的次要责任，即倪某对本次事故的发生存在明显的过错，应当减轻李某的赔偿责任。机动车在体积上和速度上的危险程度明显高于行人，机动车一方应当负有较高的安全注意义务，故酌定李某对倪某的合理损失承担85%的赔偿责任。

找法

《中华人民共和国道路交通安全法》

第七十六条 机动车发生交通事故造成人身伤亡、财产损失的，由保险公司在机动车第三者责任强制保险责任限额范围内予以赔偿；不足的部分，按照下列规定承担赔偿责任：

（一）机动车之间发生交通事故的，由有过错的一方承担赔偿责任；双方都有过错的，按照各自过错的比例分担责任。

（二）机动车与非机动车驾驶人、行人之间发生交通事故，非机动车驾驶人、行人没有过错的，由机动车一方承担赔偿责任；有证据证明非机动车驾驶人、行人有过错的，根据过错程度适当减轻机动车一方的赔偿责任；机动车一方没有过错的，承担不超过百分之十的赔偿责任。

交通事故的损失是由非机动车驾驶人、行人故意碰撞机动车造成的，机动车一方不承担赔偿责任。

举一反三

《中华人民共和国道路交通安全法》中仅规定了机动车与非机动车驾驶人、行人之间发生交通事故,非机动车或行人有过错的,根据过错程度适当减轻机动车一方的赔偿责任,但具体责任比例并未明确。因此,各地根据这一规定发布了实施《中华人民共和国道路交通安全法》的相关规定,具体规定了相应的责任比例区间。例如,《陕西省实施〈中华人民共和国道路交通安全法〉办法》规定:"机动车与非机动车、行人发生交通事故超出机动车交通事故责任强制保险责任限额的部分,机动车一方赔偿责任按照下列规定承担:(一)全部责任承担百分之百;(二)主要责任承担百分之九十;(三)同等责任承担百分之六十;(四)次要责任承担百分之四十;(五)在高速公路、汽车专用公路等封闭道路上发生交通事故的,无责任承担百分之五,但赔偿金额最高不超过五千元;在其他道路上发生交通事故的,无责任承担百分之十,但赔偿金额最高不超过一万元。"

⑤ 交警部门未作出交通事故责任认定的，如何认定双方当事人的民事责任？

遇事

2021年8月27日，李某驾驶轻型厢式货车沿道路行驶时，与骑电动自行车的颜某相撞，造成车辆受损、颜某受伤的交通事故。由于事发地没有监控，货车也没有行车记录仪，交警大队无法认定事故责任，故仅出具了道路交通事故证明书，并未进行责任划分。事后颜某就赔偿事宜将李某及保险公司诉至法院，要求其承担全部赔偿责任。法院审理过程中，保险公司认为本案交警大队并未划分双方责任，仅同意在交强险责任限额内承担相应责任。本案中，交警部门未作出交通事故责任认定的，如何认定双方当事人的民事责任？

说法

一般情况下，发生交通事故后交通管理部门会作出道路交通事故责任认定书，对交通事故的当事人有无违章行为，以及对违章行为与交通事故损害后果之间的因果关系进行定性、定量评断。本案中，交通管理部门对李某（机动车）与颜某（非机动车）之间的交通事故未认定责任，双方均不能证明对方当事人存在过错，故法官适用过错推定原则，推定加害人李某在致人损害的行为中有过错。法官从贯彻公平原则和适度平衡受害人和赔偿义务人利益的原则考虑，综合认定颜某承担60%的责任，李某承担40%的责任。

找法

《中华人民共和国道路交通安全法》

第二十二条第一款 机动车驾驶人应当遵守道路交通安全法律、法规的规定，按照操作规范安全驾驶、文明驾驶。

第七十六条 机动车发生交通事故造成人身伤亡、财产损失的，由保险公司在机动车第三者责任强制保险责任限额范围内予以赔偿；不足的部分，按照下列规定承担赔偿责任：

（一）机动车之间发生交通事故的，由有过错的一方承担赔偿责任；双方都有过错的，按照各自过错的比例分担责任。

（二）机动车与非机动车驾驶人、行人之间发生交通事故，非机动车驾驶人、行人没有过错的，由机动车一方承担赔偿责任；有证据证明非机动车驾驶人、行人有过错的，根据过错程度适当减轻机动车一方的赔偿责任；机动车一方没有过错的，承担不超过百分之十的赔偿责任。

交通事故的损失是由非机动车驾驶人、行人故意碰撞机动车造成的，机动车一方不承担赔偿责任。

举一反三

在某些交通事故中，由于一些特殊原因交警部门未作出交通事故责任认定的，对于双方当事人的责任应根据《中华人民共和国道路交通安全法》第76条之规定处理，即："（一）机动车之间发生交通事故的，由有过错的一方承担赔偿责任；双方都有过错的，按照各自过错的比例分担责任。（二）机动车与非机动车驾驶人、行人之间发生交通事故，非机动车驾驶人、行人没有过错的，由机动车一方承担赔偿责任；有证据证明非机动车驾驶人、行人有过错的，根据过错程度适当减轻机动车一方的赔偿责任；机动车一方没有过错的，承担不超过百分之十的赔偿责任。"除此之外，还应结合现场情况及其他能够还原事发现场的证明予以划分责任。

遇事找法 交通事故纠纷一站式法律指引

⑥ 刑事附带民事诉讼中，被害人能否主张精神损害抚慰金？

遇事

扫一扫，听案情

我们尽力了，很抱歉患者没抢救过来。

肇事者除了要负刑事责任，还要赔偿我们精神损害抚慰金！

审判长

016

说法

本案的争议焦点是精神损害抚慰金是否属于本案赔偿范围？根据《最高人民法院关于适用〈中华人民共和国刑事诉讼法〉的解释》第175条规定，被害人因人身权利受到犯罪侵犯或者财物被犯罪分子毁坏而遭受物质损失的，有权在刑事诉讼过程中提起附带民事诉讼；被害人死亡或者丧失行为能力的，其法定代理人、近亲属有权提起附带民事诉讼。因受到犯罪侵犯，提起附带民事诉讼或者单独提起民事诉讼要求赔偿精神损失的，人民法院一般不予受理。

交通事故中哪些情形构成刑事犯罪呢？根据《中华人民共和国刑法》第133条规定，违反交通运输管理法规，因而发生重大事故，致人重伤、死亡或者使公私财产遭受重大损失的，处3年以下有期徒刑或者拘役；交通运输肇事后逃逸或者有其他特别恶劣情节的，处3年以上7年以下有期徒刑；因逃逸致人死亡的，处7年以上有期徒刑。

在本案中，肇事者在交通肇事后逃逸，应承担相应的刑事责任，但受害人的近亲属在提起刑事附带民事诉讼时要求肇事者赔偿精神损害抚慰金，法院不予支持。

找法

《中华人民共和国刑法》

第一百三十三条　违反交通运输管理法规，因而发生重大事故，致人重伤、死亡或者使公私财产遭受重大损失的，处三年以下有期徒刑或者拘役；交通运输肇事后逃逸或者有其他特别恶劣情节的，处三年以上七年以下有期徒刑；因逃逸致人死亡的，处七年以上有期徒刑。

《最高人民法院关于适用〈中华人民共和国刑事诉讼法〉的解释》

第一百七十五条　被害人因人身权利受到犯罪侵犯或者财物被犯罪分子

毁坏而遭受物质损失的，有权在刑事诉讼过程中提起附带民事诉讼；被害人死亡或者丧失行为能力的，其法定代理人、近亲属有权提起附带民事诉讼。

因受到犯罪侵犯，提起附带民事诉讼或者单独提起民事诉讼要求赔偿精神损失的，人民法院一般不予受理。

举一反三

在道路上发生交通事故，车辆驾驶人应当立即停车，保护现场；造成人身伤亡的，车辆驾驶人应当立即抢救受伤人员，并迅速报告执勤的交通警察或者公安机关交通管理部门。如果车辆驾驶人存在侥幸心理逃逸或将被害人带离事故现场后隐藏或者遗弃，将承担刑事责任。

7 保险公司支公司是否具有诉讼主体资格？

遇事

2021年3月31日10时，张某驾驶轻型货车沿道路由西向东行驶至某路口时，与相对方向行驶的黄某驾驶的小轿车发生碰撞，造成黄某受伤的交通事故。事故发生后，某县公安局交通警察大队作出事故认定书，认定张某负事故全部责任。张某的轻型货车在某某保险公司某支公司投保交强险和商业第三者责任保险（以下简称商业三者险），事故发生在保险期间内。保险公司提供了由该保险公司省分公司批准生效且加盖总公司（住所地在北京）印章的格式合同，而保险费则由该保险公司的某支公司收取并出具了发票。后黄某病亡，为处理理赔事宜，黄某之妻袁某以该保险公司的县级营销服务部及某支公司（均有营业执照）为共同被告提起诉讼。该保险公司某支公司辩称，其不是适格被告，应以省分公司为被告，请求驳回原告诉请。原告请求保险公司某支公司承担赔付责任有无法律依据？

说法

本案的争议焦点为：保险公司支公司是否具有诉讼主体资格，能否承担责任？本案是以该保险公司某支公司为被告还是以该保险公司某支公司和省分公司为共同被告，或是应以省分公司为被告呢？对于一般公司而言，只有总公司与已经取得营业执照的分公司才可独立参加诉讼，分支机构作为内设机构需要有公司的授权，其责任一般由法人承担。但保险公司支公司一般也有独立营业执照，可以作为适格的诉讼主体。首先，保险公司支公司收取保险费的行为，表明其是保险合同的实际履行者，属于适格被告。本案的保险合同虽然经保险公司省分公司批准生效且加盖总公司的印章，但与原告进行合同协商的是该保险公司县级营销服务部，即要约与承诺发生在原告与该保险公司县级营销服务部之间，某支公司收取保险费并出具发票的行为，表明其是保险合同的实际履行人。原告根据合同协商、签订和履行的实际情况，将二者列为被告，符合诚信原则。其次，根据《中华人民共和国民事诉讼法》第51条和《最高人民法院关于适用〈中华人民共和国民事诉讼法〉的解释》第52条的规定，保险公司设在各地的分支机构虽不具备法人资格，但属于"其他组织"，具有诉讼主体资格，可以作为民事诉讼的当事人参加诉讼。故本案原告将支公司列入共同被告符合法律规定，支公司属于适格被告。

找法

《最高人民法院关于适用〈中华人民共和国民事诉讼法〉的解释》

第五十二条 民事诉讼法第五十一条规定的其他组织是指合法成立、有一定的组织机构和财产，但又不具备法人资格的组织，包括：

（一）依法登记领取营业执照的个人独资企业；

（二）依法登记领取营业执照的合伙企业；

（三）依法登记领取我国营业执照的中外合作经营企业、外资企业；

（四）依法成立的社会团体的分支机构、代表机构；

（五）依法设立并领取营业执照的法人的分支机构；

（六）依法设立并领取营业执照的商业银行、政策性银行和非银行金融机构的分支机构；

（七）经依法登记领取营业执照的乡镇企业、街道企业；

（八）其他符合本条规定条件的组织。

举一反三

需要注意的是，不仅是保险公司的支公司可以作为诉讼主体，依据《保险公司管理规定》第3条"本规定所称保险公司分支机构，是指经保险监督管理机构批准，保险公司依法设立的分公司、中心支公司、支公司、营业部、营销服务部以及各类专属机构"之规定，保险公司的分公司、营业部或营销服务部也可以作为诉讼主体。

8 如何理解道路交通事故中的"道路"？

遇事

2020年3月24日12时40分左右，陈某某驾驶运输型拖拉机在某建筑材料有限公司内部倒车时，与停靠在厂区的叉车发生碰撞，造成叉车倒地、伍某受伤的交通事故。事故发生后，伍某被送往市人民医院进行救治。2020年3月26日，伍某因医治无效死亡。陈某某驾驶的运输型拖拉机在某保险公司投保了交强险和限额为50万元的商业三责险，保险期间为2019年3月31日至2020年3月30日。本次事故发生地为某建筑材料有限公司内部，是否可以认定为道路交通事故？

说法

本案的争议焦点为，公司内部道路是否属于道路交通安全法中的"道路"？一般而言，对道路的认定关键在于对道路"公共性"的理解。而何谓"公共"，最本质的特征在于对象的不特定性。无论单位对其管辖范围内的路段、停车场采取的管理方式是收费还是免费、车辆进出是否需要登记，只要允许不特定的社会车辆自由通行，就属于道路。若社会车辆只要登记车牌号或者交纳一定费用，即可在小区内进出、停放的，则其通行条件并无特定的人身依附关系，对象不特定，范围面向社会大众，在该管理模式下的小区道路、停车场与公共道路、停车场无异，属于允许社会车辆通行的地方。本案中，公司并非封闭式管理，公司员工与非公司车辆均可以在公司内部自由出入、停放，因此，该公司道路具有公共性，属于道路交通安全法规定的"道路"。在该单位内部道路发生的车辆致人伤害或者财产损害纳入了道路交通安全法的约束范围。

找法

《中华人民共和国道路交通安全法》

第一百一十九条 本法中下列用语的含义：

（一）"道路"，是指公路、城市道路和虽在单位管辖范围但允许社会机动车通行的地方，包括广场、公共停车场等用于公众通行的场所。

（二）"车辆"，是指机动车和非机动车。

（三）"机动车"，是指以动力装置驱动或者牵引，上道路行驶的供人员乘用或者用于运送物品以及进行工程专项作业的轮式车辆。

（四）"非机动车"，是指以人力或者畜力驱动，上道路行驶的交通工具，以及虽有动力装置驱动但设计最高时速、空车质量、外形尺寸符合有关国家标准的残疾人机动轮椅车、电动自行车等交通工具。

（五）"交通事故"，是指车辆在道路上因过错或者意外造成的人身伤亡或者财产损失的事件。

举一反三

根据《中华人民共和国道路交通安全法》第119条规定，"道路"，是指公路、城市道路和虽在单位管辖范围但允许社会机动车通行的地方，包括广场、公共停车场等用于公众通行的场所。那么居民小区或农家院内是否属于"道路"的范围？应结合两个方面进行分析：第一，具有公共性；第二，具有可通行性。因此，对于居民小区来说，如果符合以上两点，应当认定为《中华人民共和国道路交通安全法》中所规定的"道路"。而农家院内不具有公共性的特点，因此不符合"道路"的条件。"道路"的定义理解对于我们处理交通事故案件具有重要的意义。

9 未被强制性要求办理机动车号牌及注册机动车信息以及非强制办理机动车交强险的电动三轮车发生交通事故，责任由谁承担？

遇事

扫一扫，听案情

说法

我国现行法律、行政法规等均未对电动三轮车是否属于机动车作出明确规定，故从一般认知角度出发，应将其视为非机动车。但如果经专业鉴定机构鉴定，该电动三轮车符合机动车的定义和标准，如设计最高时速、空车质量、外形尺寸等达到机动车的相关参数，那么在交通事故处理中，会被认定为机动车。本案中，经专业鉴定机构鉴定，该电动三轮车符合机动车的定义和标准。法院在审理中认为，在事故发生时，对涉案电动车登记挂牌无强制要求，且根据我国目前电动三轮车不能办理注册登记也不能投保交强险的现实情况，若要求此类电动三轮车在交强险责任限额内赔付对方的损失实属不公，故法院对三轮车车主薛某的主张予以支持，最终判决刘某投保的保险公司在交强险责任限额内先行赔偿其损失。

找法

《中华人民共和国道路交通安全法》

第一百一十九条 本法中下列用语的含义：

（一）"道路"，是指公路、城市道路和虽在单位管辖范围但允许社会机动车通行的地方，包括广场、公共停车场等用于公众通行的场所。

（二）"车辆"，是指机动车和非机动车。

（三）"机动车"，是指以动力装置驱动或者牵引，上道路行驶的供人员乘用或者用于运送物品以及进行工程专项作业的轮式车辆。

（四）"非机动车"，是指以人力或者畜力驱动，上道路行驶的交通工具，以及虽有动力装置驱动但设计最高时速、空车质量、外形尺寸符合有关国家标准的残疾人机动轮椅车、电动自行车等交通工具。

（五）"交通事故"，是指车辆在道路上因过错或者意外造成的人身伤亡或者财产损失的事件。

《电动自行车安全技术规范》（GB 17761—2018）

3.1.1 电动自行车 electric bicycle

以车载电池为能源，实现电驱动或/和电助力功能的两轮自行车。

3.1.3 电驱动 electric drive

驱动电能来源于车载电池，仅以电动机输出动力的驱动方式。

3.1.4 电助力 electric aid

由人力和电动机的动力按输出比例组成的驱动方式。

6.1.1.1 车速限值要求

电动自行车车速限值符合下列要求。

a）使用电驱动功能行驶时，最高车速不应超过最高设计车速，且最高设计车速不应超过25km/h；如果车速超过25km/h，电动机不应提供动力输出。

注：连续下坡行驶等情况下，车速可能会超过25km/h。

b）使用电助力功能行驶时，如果车速超过25km/h，电动机不应提供动力输出。

6.1.3 整车质量

使用铅酸蓄电池的装配完整的电动自行车整车质量应小于或等于63kg，其他类型的装配完整的电动自行车的整车质量应小于或等于55kg。

将装配完整的电动自行车放置在称重仪器上，测量其质量。

举一反三

就本案来说，虽然案涉电动三轮车被认定为机动车，但案发时，我国现行法律、法规未明确规定电动三轮车应当投保机动车交通事故责任强制保险，电动三轮车客观上也不能投保机动车交通事故责任强制保险。车辆所有人因非可归责于其自身的原因而无法为电动三轮车投保交强险，也无法得到交强险的社会保障，如判决车辆所有人及驾驶人因违反投保交强险的法定义务而承担在交强险限额内先行赔付的民事责任，有失公允。

10 交通事故纠纷中，当事人能否请求精神损害赔偿？

遇事

2022年1月4日23时35分，黄某某驾驶小型客车沿某路由南向北行驶时，与在人行横道上步行横过道路的舒某某相撞，造成舒某某死亡的交通事故。事故发生后，双方就赔偿标准和精神抚慰金的范围、数额发生争议，舒某某的近亲属以黄某某和某保险公司为被告提起诉讼。本案中，舒某某的近亲属是否可以请求精神损害赔偿？

说法

根据《中华人民共和国民法典》第1183条的规定，侵害自然人人身权益造成严重精神损害的，被侵权人有权请求精神损害赔偿。本案中，舒某某死亡，黄某某的行为当然构成对舒某某人身权的侵害，舒某某无法以自己的名义请求精神损害赔偿，因此，其亲属可以因此继承该精神损害赔偿请求权；另外，舒某某的死亡势必会给其亲属造成巨大的精神损害，其亲属也可直接基于此理由提起精神抚慰金的赔偿诉求。而精神抚慰金的赔偿范围和数额，一般根据侵权人的主观过错程度、侵害手段、侵权行为所造成的后果确定。关于精神损害赔偿的标准，我国大部分地区十级伤残为5000元，依次逐级递增，一级伤残、死亡以50000元计，法院会在参照该数额的基础上进行酌定。本案中，法院最终认定的精神抚慰金数额为50000元。

找法

《中华人民共和国民法典》

第一千一百八十三条 侵害自然人人身权益造成严重精神损害的，被侵权人有权请求精神损害赔偿。

因故意或者重大过失侵害自然人具有人身意义的特定物造成严重精神损害的，被侵权人有权请求精神损害赔偿。

《最高人民法院关于审理人身损害赔偿案件适用法律若干问题的解释》

第二十三条 精神损害抚慰金适用《最高人民法院关于确定民事侵权精神损害赔偿责任若干问题的解释》予以确定。

《最高人民法院关于确定民事侵权精神损害赔偿责任若干问题的解释》

第五条 精神损害的赔偿数额根据以下因素确定：
（一）侵权人的过错程度，但是法律另有规定的除外；
（二）侵权行为的目的、方式、场合等具体情节；
（三）侵权行为所造成的后果；
（四）侵权人的获利情况；
（五）侵权人承担责任的经济能力；
（六）受理诉讼法院所在地的平均生活水平。

举一反三

需要注意的是，全国各地区就精神抚慰金赔偿数额的规定略有差别，当事人在主张精神抚慰金时需结合当地相关规定进行主张。此外，如果交通事故中被侵权人被认定存在一定过错，其主张精神抚慰金时，法院会结合各方当事人的过错比例进行酌定，而非全额支持。

交通事故中的责任归责问题

二、交通事故中的责任归责问题

11 盗、抢车辆发生交通事故，责任由谁承担？

遇事

2021年1月22日6时30分，蔺某驾驶其盗窃的轿车（车主为陈某，且陈某已经为该车辆投保交强险和商业三者险）沿某道路由北向南行驶时，因过度疲劳，将在路边行走的贺某撞伤。后贺某与保险公司、蔺某、陈某因赔偿事宜产生争议，遂向人民法院提起诉讼。本案中，盗、抢车辆发生交通事故，责任由谁承担？

说法

本案应由蔺某承担赔偿责任。根据《中华人民共和国民法典》第1215条规定，盗窃、抢劫或者抢夺的机动车发生交通事故造成损害的，由盗窃人、抢劫人或者抢夺人承担赔偿责任。盗窃人、抢劫人或者抢夺人与机动车使用人不是同一人，发生交通事故造成损害，属于该机动车一方责任的，由盗窃人、抢劫人或者抢夺人与机动车使用人承担连带责任。保险人在机动车强制保险责任限额范围内垫付抢救费用的，有权向交通事故责任人追偿。这是因为机动车被盗窃、抢劫或抢夺后，车主便失去了对车辆的控制和支配权，无法预料和控制车辆的使用情况。本案中，蔺某驾驶其所盗窃的轿车将贺某撞伤属于该条规定的情形，因此应由蔺某承担赔偿责任。另外，本案中的被盗车辆已经投保了交强险和商业三者险。如果保险公司在交强险责任限额范围内垫付抢救费用的，有权向交通事故责任人追偿。

找法

《中华人民共和国民法典》

第一千二百一十五条　盗窃、抢劫或者抢夺的机动车发生交通事故造成损害的，由盗窃人、抢劫人或者抢夺人承担赔偿责任。盗窃人、抢劫人或者抢夺人与机动车使用人不是同一人，发生交通事故造成损害，属于该机动车一方责任的，由盗窃人、抢劫人或者抢夺人与机动车使用人承担连带责任。

保险人在机动车强制保险责任限额范围内垫付抢救费用的，有权向交通事故责任人追偿。

《中华人民共和国道路交通安全法》

第七十六条 机动车发生交通事故造成人身伤亡、财产损失的，由保险公司在机动车第三者责任强制保险责任限额范围内予以赔偿；不足的部分，按照下列规定承担赔偿责任：

（一）机动车之间发生交通事故的，由有过错的一方承担赔偿责任；双方都有过错的，按照各自过错的比例分担责任。

（二）机动车与非机动车驾驶人、行人之间发生交通事故，非机动车驾驶人、行人没有过错的，由机动车一方承担赔偿责任；有证据证明非机动车驾驶人、行人有过错的，根据过错程度适当减轻机动车一方的赔偿责任；机动车一方没有过错的，承担不超过百分之十的赔偿责任。

交通事故的损失是由非机动车驾驶人、行人故意碰撞机动车造成的，机动车一方不承担赔偿责任。

举一反三

在日常生活中，盗、抢车辆发生交通事故的情形是比较少的，但其背后所衍生的法律问题仍然值得我们探讨与研究。例如，当被盗机动车发生交通事故，盗窃人与机动车使用人不是同一人时，属于该机动车一方责任的，由盗窃人与机动车使用人承担连带责任。若该机动车的所有权人投保了交强险，保险公司可以在交强险责任限额范围内先行垫付抢救费用，并有权向交通事故责任人追偿。

二、交通事故中的责任归责问题

12 租用、出借车辆发生交通事故，责任由谁承担？

遇事

扫一扫，听案情

您好，我想租一辆车。

肇事车辆是你们租出去的，你们也应该承担赔偿责任！

033

说法

因租赁、借用等情形机动车所有人、管理人与使用人不是同一人时，发生交通事故造成损害，属于该机动车一方责任的，由机动车使用人承担赔偿责任。本案中，汽车贸易公司作为小型客车的车辆所有人，已尽到其作为出借人的审慎责任，在事故中不存在过错，无须承担赔偿责任；许某某作为交通事故发生时的机动车使用人，应当对张某、蔡某某的损失承担赔偿责任。因此，法院驳回了原告张某、蔡某某要求被告汽车贸易公司承担赔偿责任的诉请。

找法

《中华人民共和国民法典》

第一千二百零九条 因租赁、借用等情形机动车所有人、管理人与使用人不是同一人时，发生交通事故造成损害，属于该机动车一方责任的，由机动车使用人承担赔偿责任；机动车所有人、管理人对损害的发生有过错的，承担相应的赔偿责任。

举一反三

租赁、出借车辆是在日常生活中所司空见惯的一种行为。根据《中华人民共和国民法典》的规定，因租赁、借用等情形发生交通事故造成损害，属于该机动车一方责任的，由机动车使用人承担赔偿责任。但如果机动车所有人未尽到审慎义务，将车辆出租、出借给无驾驶资质或者醉酒的人，其应承担相应的赔偿责任。对于租用、出借车辆类似问题，在实践中，应重点关注车辆所有人的过错问题和车辆的投保问题，这样才能合理地分配事故中的民事赔偿责任。

二、交通事故中的责任归责问题

13 买卖机动车未过户，发生交通事故，责任由谁承担？

遇事

2021年5月11日，谢某华驾驶重型半挂牵引车沿某国道行驶时，与行人吴某发生碰撞，造成吴某死亡的交通事故。吴某亲属向谢某华主张赔偿无果后，向人民法院提起诉讼。经法院查明，重型半挂牵引车是漳州某公司出售给谢某华的，双方签订了车辆转让协议，但尚未办理过户手续。被告谢某华主张该车辆未完成过户，应当由漳州某公司共同承担赔偿责任。本案中，谢某华与漳州某公司买卖机动车未过户，发生交通事故，责任由谁承担？

说法

本案应当由谢某华承担事故责任。动产买卖合同中，风险转移应当以交付为要件。根据《中华人民共和国民法典》第224条规定，机动车买卖所有权自交付时转移。本案中，在交通事故发生时，漳州某公司已经将该汽车出卖给谢某华，并且已交付谢某华使用，虽然还没有办理过户登记，但谢某华已是该汽车的实际占有人，并且在实际使用该汽车，而漳州某公司已经不再占有和支配该汽车，也就无法对交通事故的发生具有控制和防范能力。因此，人民法院最终未支持被告谢某华的抗辩意见。

找法

《中华人民共和国民法典》

第一千二百一十条 当事人之间已经以买卖或者其他方式转让并交付机

动车但是未办理登记，发生交通事故造成损害，属于该机动车一方责任的，由受让人承担赔偿责任。

第二百二十四条 动产物权的设立和转让，自交付时发生效力，但是法律另有规定的除外。

举一反三

对于一些特殊动产的交付，根据《中华人民共和国民法典》规定，自交付时发生效力，未经登记，不能对抗善意第三人。在现实生活中，购买汽车之类的特殊动产未办理登记，只是缺少公示，不影响风险的转移。当事人之间已经以买卖、赠与等方式转让并交付机动车但未办理所有权转移登记的，原机动车转让人已经不是真正的所有权人，更不是机动车占有人，丧失了对机动车运行支配的能力。也就是说，机动车损害赔偿责任来源于机动车的占有和使用。那么它的责任主体就当然是能够控制机动车，并获得运行利益的机动车占有者和使用者。

二、交通事故中的责任归责问题

14 出借车牌供他人套牌使用并收取套牌费，发生交通事故，责任由谁承担？

遇事

2021年1月7日，王某驾驶某出租汽车公司的出租车在某道路行驶时，与周某民驾驶的小客车发生交通事故。交警大队调查后认定，周某民负事故的全部责任，王某不负责任。另查明，周某民所驾驶的车辆属于周某民所有，但该肇事车辆的车牌为周某山出租给周某民的。因此，王某向周某民、周某山就所造成的人身损失与财产损失主张赔偿未果后将二人诉至人民法院。

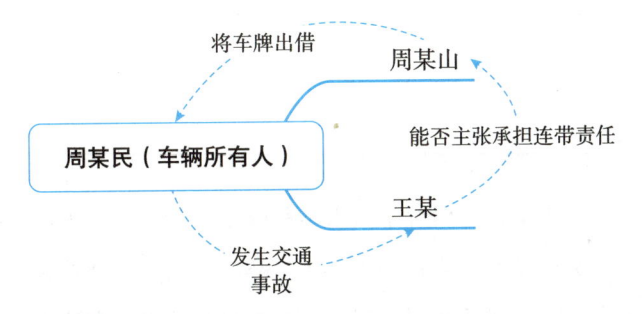

```
                将车牌出借
                ────────▶  周某山
                                  ╲
   ┌─────────────────┐            能否主张承担连带责任
   │ 周某民（车辆所有人）│            ╱
   └─────────────────┘   王某
                ────────▶
                发生交通
                  事故
```

本案中，周某山出借车牌供周某民套牌使用并收取套牌费，发生交通事故后，责任应由谁承担？

说法

出借车牌行为属于《中华人民共和国道路交通安全法》中严格禁止的违法行为，出借人与侵权人应当对事故发生所造成的损失承担连带赔偿责任。本案中，周某民作为车辆所有人，与周某山达成约定，借用周某山的车牌用于自己的车辆上。根据《中华人民共和国民法典》和《最高人民法院关于审理道路交通事故损害赔偿案件适用法律若干问题的解释》的规定，两人之间

037

的出借协议违反了法律的强制性规定，协议无效，并且周某山应当承担连带赔偿责任。因此，人民法院依法支持了王某的诉请。

找法

《最高人民法院关于审理道路交通事故损害赔偿案件适用法律若干问题的解释》

第三条　套牌机动车发生交通事故造成损害，属于该机动车一方责任，当事人请求由套牌机动车的所有人或者管理人承担赔偿责任的，人民法院应予支持；被套牌机动车所有人或者管理人同意套牌的，应当与套牌机动车的所有人或者管理人承担连带责任。

举一反三

在实际生活中，人们对于出借车牌的违法行为认识不足，导致套牌车辆发生交通事故的案件层出不穷。套牌车辆不仅会对道路公共安全秩序造成破坏，还严重影响到行人和其他交通参与者的生命财产安全。我国一直严厉打击车辆违法套牌行为，《中华人民共和国道路交通安全法》也明确规定，车辆牌照所有人或者管理人出借牌照的，应当与套牌机动车的所有人或者管理人承担连带责任。因此，对于将自己的牌照出租给他人进行谋利的，一旦发生交通事故，应当对事故承担连带责任。对于发生多次出借、出租车牌以谋取利益的行为还可能构成刑法所规定的非法经营罪。

15 车辆运输经营人和名义经营人不一致的，当发生交通事故时，责任由谁承担？

遇事

2021年10月31日，孙某驾驶无号牌电动自行车沿某市主干道行驶，遇红灯逆向左转弯时，与赵某驾驶的重型自卸车发生碰撞，造成孙某当场死亡的交通事故。交警大队调查后认定，本次事故孙某负主要责任，赵某负次要责任。另查明，重型自卸车系李某所有，赵某系李某雇用的驾驶员；但该车辆登记在优某达公司名下。后因赔偿事宜事故双方协商无果，孙某亲属将赵某、李某及优某达公司诉至人民法院。本案中，车辆运输人李某与名义经营人优某达公司不一致，责任应如何承担？

说法

车辆运输经营人和名义经营人不一致的，当发生交通事故时，属于该车一方责任的，应当共同承担连带赔偿责任。本案中，赵某所驾驶的重型自卸车登记在优某达公司名下，且该车道路运输证亦载明为优某达公司，优某达公司主张该车实际车主系李某，但其仅提供买卖合同不能证实其与李某系买卖关系，即便该买卖合同真实有效，该车仍是以优某达公司名义经营道路普通货物运输业务，依据《中华人民共和国民法典》规定，李某作为车辆运输经营人，优某达公司作为名义经营人，应当共同承担连带责任。因此，法院依法支持了孙某亲属的主张。

找法

《中华人民共和国民法典》

第一千二百一十一条 以挂靠形式从事道路运输经营活动的机动车,发生交通事故造成损害,属于该机动车一方责任的,由挂靠人和被挂靠人承担连带责任。

举一反三

在生产经营过程中,当车辆运输经营人和名义经营人不一致时,应认定双方的关系为挂靠关系。挂靠是我国社会经济发展特定历史阶段的产物。在民事责任承担方面,挂靠人和被挂靠人通常要承担连带责任。《中华人民共和国民法典》明确规定:"以挂靠形式从事道路运输经营活动的机动车,发生交通事故造成损害,属于该机动车一方责任的,由挂靠人和被挂靠人承担连带责任。"这一规定符合运行支配说和运行利益说的法理,有利于规范挂靠经营双方的关系,促进双方的发展。同时,该规定对交通事故中的责任分配问题予以明确划分,让受害人能得到及时的赔偿。

二、交通事故中的责任归责问题

16 擅自驾驶他人机动车所导致的交通事故，责任由谁承担？

遇事

扫一扫，听案情

这辆车是刘某，我是背着他偷偷把车开出来的。

你是这辆车的车主吗？

我只能赔偿这么多，你看着办吧！

你给的赔偿金额太低了！

黄某开我的车并未经过我的同意，我不应该对这次事故承担赔偿责任。

审判长

被告

041

说法

未经允许驾驶他人机动车，发生交通事故造成损害，属于该机动车一方责任的，由机动车使用人承担赔偿责任，机动车所有人、管理人对损害的发生有过错的，承担相应的赔偿责任。本案中，黄某擅自使用他人车辆，发生交通事故，作为侵权行为人应当对本次事故发生承担赔偿责任。刘某作为车辆所有人，在本案中不存在过错，因此，不承担赔偿责任。

找法

《中华人民共和国民法典》

第一千二百一十二条 未经允许驾驶他人机动车，发生交通事故造成损害，属于该机动车一方责任的，由机动车使用人承担赔偿责任；机动车所有人、管理人对损害的发生有过错的，承担相应的赔偿责任，但是本章另有规定的除外。

举一反三

擅自驾驶他人机动车所导致的交通事故，要综合考虑各个责任主体对事故的发生是否有过错。在现实生活中，擅自驾驶他人车辆发生交通事故，如果车辆管理人或者所有人存在过错，应当与实际驾驶人承担连带责任。这种责任划分规则，类似于借用车辆供他人使用的情形。

二、交通事故中的责任归责问题

17 机动车挂靠经营，当发生交通事故时，责任应如何承担？

遇事

2021年8月22日，孙某驾驶重型半挂牵引车沿道路行驶时，与武某驾驶的重型半挂牵引车相撞，造成双方车辆损坏、孙某受伤的交通事故。交警大队调查后认定，孙某承担事故全部责任。另查明，孙某驾驶的重型半挂牵引车登记的所有人为宏丰公司，但该公司为挂靠单位，实际车主为孙某。因此，武某将孙某、宏丰公司诉至人民法院，武某称宏丰公司为车辆的挂靠单位，理应承担连带赔偿责任。本案中，孙某所驾驶的车辆存在挂靠关系，当发生交通事故时，责任应如何承担？

说法

机动车挂靠经营发生交通事故后，挂靠人和被挂靠人理应承担连带赔偿责任。根据《中华人民共和国民法典》的规定，以挂靠形式从事道路运输经营活动的机动车，发生交通事故造成损害，属于该机动车一方责任的，由挂靠人和被挂靠人承担连带责任。本案中，孙某作为肇事车辆的司机和实际车主，宏丰公司作为挂靠单位，应当对武某因交通事故产生的经济损失承担连带赔偿责任。

找法

《中华人民共和国民法典》

第一千二百一十一条 以挂靠形式从事道路运输经营活动的机动车，发生交通事故造成损害，属于该机动车一方责任的，由挂靠人和被挂靠人承担连带责任。

举一反三

机动车挂靠，一般是指个人或合伙出资购买机动车，经具有运输经营资质的运输企业同意将车辆登记在该企业名下，以该企业名义从事运输经营的行为。近年来，在物流行业、运输行业挂靠经营的行为屡见不鲜。当机动车发生交通事故，涉及机动车挂靠的情形，挂靠者与被挂靠者承担连带责任的可能性很大。因此，在实际经营中，面对挂靠行为，被挂靠人应当审慎对待。

二、交通事故中的责任归责问题

18 买卖报废车辆、拼装车发生交通事故，责任由谁承担？

遇事

扫一扫，听案情

📢 说法

根据《中华人民共和国民法典》第1214条的规定，以买卖或者其他方式转让拼装或者已经达到报废标准的机动车，发生交通事故造成损害的，由转让人和受让人承担连带责任。本案中，自卸低速货车系由某汽车运输有限公司收取管理费并将车辆挂牌后交由实际使用人周某使用；原使用人与周某买卖涉案车辆，未办理转移登记手续。因此，法院依照法律规定作出判决，周某与某汽车运输有限公司应对本此交通事故造成的损害承担连带责任。

🔍 找法

《中华人民共和国民法典》

第一千二百一十四条 以买卖或者其他方式转让拼装或者已经达到报废标准的机动车，发生交通事故造成损害的，由转让人和受让人承担连带责任。

举一反三

在人们通常认识范围内，知晓拼装车或报废车是不允许上路行驶的机动车，也不属于允许在市场上流通转让的机动车。我国对机动车采取年检制度也是为了杜绝报废车、拼装车买卖和上路行驶。一方面，此类车辆会对我国机动车管理制度造成破坏；另一方面，此类车辆也会对人民的生命财产安全构成威胁。因此，转让此类车辆一定是违法转让，并且报废车或拼装车是无法购买交强险或商业保险的，其发生事故后不可能存在保险赔偿。为了使报废车或拼装车通过机动车年检合法上路行驶，

二、交通事故中的责任归责问题

> 有些违法行为人会换上其他报废车的发动机，将发动机号、车架号磨损，伪造假的行驶证和牌照，该车辆发生交通事故后，不仅在民事法律规则中转让人和受让人要承担连带赔偿责任，而且在刑事法律规则中有可能构成《中华人民共和国刑法》第280条规定的伪造国家机关证件罪。

19 无偿代驾中，无偿驾驶人是否承担交通事故的赔偿责任？

遇事

2021年1月27日晚，李某某因酒后无法驾驶车辆，遂请朋友张某帮助，让其将车开回自己家中。张某在行驶过程中因未按规定让行，与卢某某驾驶的小型轿车相撞，造成两车受损的交通事故。卢某某与李某某、张某就赔偿事宜发生争议，遂向人民法院提起诉讼。本案中，张某作为无偿驾驶人是否承担交通事故的赔偿责任？

说法

义务帮工一般是指帮工人在没有法定或约定义务的情况下，无偿为他人提供劳务的行为。也就是说，帮工人不收取报酬，被帮工人是受益人，帮工活动的结果是被帮工人获得利益。本案中，张某作为无偿代驾人驾驶车辆的目的并非为其个人利益，而是帮忙替李某某驾驶。李某某享有利益就应承担风险，因此李某某应承担赔偿责任。不过，由于张某在驾驶过程中存在重大过失，李某某可以在承担责任后向张某进行追偿。

找法

《最高人民法院关于审理人身损害赔偿案件适用法律若干问题的解释》

第四条 无偿提供劳务的帮工人，在从事帮工活动中致人损害的，被帮工人应当承担赔偿责任。被帮工人承担赔偿责任后向有故意或者重大过失的帮工人追偿的，人民法院应予支持。被帮工人明确拒绝帮工的，不承担赔偿责任。

第五条 无偿提供劳务的帮工人因帮工活动遭受人身损害的，根据帮工人和被帮工人各自的过错承担相应的责任；被帮工人明确拒绝帮工的，被帮工人不承担赔偿责任，但可以在受益范围内予以适当补偿。

帮工人在帮工活动中因第三人的行为遭受人身损害的，有权请求第三人承担赔偿责任，也有权请求被帮工人予以适当补偿。被帮工人补偿后，可以向第三人追偿。

举一反三

无偿代驾通常发生在亲朋好友之间，在这种情况下，无偿代驾者和车主是一种无偿帮工关系。在无偿代驾中，发生交通事故后，无偿驾驶人是否承担交通事故的赔偿责任，关键在于无偿代驾人是否存在故意或者重大过失情形，若不存在，则由车主承担赔偿责任；若存在，车主可以在承担赔偿责任后向无偿代驾人进行追偿。所以类似案件具体的处理方式应按照实际情况来进行分析。

20 履行职务过程中发生交通事故，责任由谁承担？

遇事

2021年8月24日，李某驾驶小型轿车在某路段行驶时，与由东向西行驶的王某驾驶的二轮摩托车发生碰撞，造成王某受伤的道路交通事故。交警大队调查后认定，李某负事故全部责任。另查明，李某驾驶该车系某市政公司所有，李某是公司职工，在履行公司事务过程中发生交通事故。后双方因赔偿事宜协商无果，王某将李某诉至人民法院。李某称其是在履行公务过程中发生交通事故的，应当由市政公司承担赔偿责任。本案中，李某在履行职务过程中发生交通事故，责任是否应由市政公司承担？

说法

某市政公司应当承担赔偿责任。根据《中华人民共和国民法典》规定，用人单位的工作人员因执行工作任务造成他人损害的，由用人单位承担侵权责任。用人单位承担侵权责任后，可以向有故意或者重大过失的工作人员追偿。李某系公司员工，其在履行职务过程中致人损害，且自身不存在故意或者重大过失的情形，故不承担事故赔偿责任，应由公司承担事故的赔偿责任。因此，法院在裁判文书中支持了李某的抗辩。

找法

《中华人民共和国民法典》

第一千一百九十一条 用人单位的工作人员因执行工作任务造成他人损

害的，由用人单位承担侵权责任。用人单位承担侵权责任后，可以向有故意或者重大过失的工作人员追偿。

劳务派遣期间，被派遣的工作人员因执行工作任务造成他人损害的，由接受劳务派遣的用工单位承担侵权责任；劳务派遣单位有过错的，承担相应的责任。

《最高人民法院关于审理道路交通事故损害赔偿案件适用法律若干问题的解释》

第一条　机动车发生交通事故造成损害，机动车所有人或者管理人有下列情形之一，人民法院应当认定其对损害的发生有过错，并适用民法典第一千二百零九条的规定确定其相应的赔偿责任：

（一）知道或者应当知道机动车存在缺陷，且该缺陷是交通事故发生原因之一的；

（二）知道或者应当知道驾驶人无驾驶资格或者未取得相应驾驶资格的；

（三）知道或者应当知道驾驶人因饮酒、服用国家管制的精神药品或者麻醉药品，或者患有妨碍安全驾驶机动车的疾病等依法不能驾驶机动车的；

（四）其他应当认定机动车所有人或者管理人有过错的。

举一反三

员工在履行职务过程中发生交通事故的问题主要分为两种情况：第一，履行职务过程中发生交通事故致他人损害的。这种情形根据《中华人民共和国民法典》规定，由用人单位承担侵权责任。如果员工有故意或者重大过失的，单位可以在承担责任后向该员工追偿。第二，员工履行职务过程中发生交通事故致自己受伤的。如果交通事故是由对方的过错而导致的，则由负主要责任的行为人对该员工承担赔偿责任，受伤员工也可以申请工伤赔偿。

遇事找法 交通事故纠纷一站式法律指引

21 学员在驾校学习期间发生交通事故的，责任由谁承担？

遇事

扫一扫，听案情

> 我是你们的学员，学习期间出了交通事故，你们应该赔偿我！

> 是你自己不小心撞伤的，不关我的事。

052

二、交通事故中的责任归责问题

说法

徐某作为驾校的学员，在驾校学习期间因发生交通事故而受伤，应当由驾校承担赔偿责任。本案是教育培训合同纠纷，徐某为学习驾驶技术向驾校交纳学费后，双方形成了教育培训合同关系。在履行培训合同过程中，一方面，驾校作为技术培训的组织者有对学员生命健康安全保障的义务；另一方面，刘某为驾校的教练员，日常的指导教学工作属于职务行为，因履行职务而造成他人人身、财产损失的，应当由用人单位承担赔偿责任。故徐某要求驾校承担赔偿责任，法院对此予以支持。

找法

《中华人民共和国道路交通安全法实施条例》

第二十条　学习机动车驾驶，应当先学习道路交通安全法律、法规和相关知识，考试合格后，再学习机动车驾驶技能。

在道路上学习驾驶，应当按照公安机关交通管理部门指定的路线、时间进行。在道路上学习机动车驾驶技能应当使用教练车，在教练员随车指导下进行，与教学无关的人员不得乘坐教练车。学员在学习驾驶中有道路交通安全违法行为或者造成交通事故的，由教练员承担责任。

《最高人民法院关于审理道路交通事故损害赔偿案件适用法律若干问题的解释》

第五条　接受机动车驾驶培训的人员，在培训活动中驾驶机动车发生交通事故造成损害，属于该机动车一方责任，当事人请求驾驶培训单位承担赔偿责任的，人民法院应予支持。

举一反三

"代负责任"由《中华人民共和国道路交通安全法实施条例》第20条进行规定。其主要目的是强化教练人员的责任意识。在学员尚未取得驾驶资格,学员的驾驶行为处于教练人员的严格指导下,且教练人员可以从一定程度上控制机动车的条件下,学员在学习驾驶过程中造成交通事故,应认定赔偿责任由教练人员承担。驾校教练属于驾校的雇用人员,日常的指导教学工作应属于职务行为,因此应当由驾校对事故所产生的损害承担赔偿责任,如教练人员有过错,驾校在承担责任后可以向有过错的教练追偿。

22 在机动车试乘过程中发生交通事故，责任由谁承担？

遇事

2021年4月17日，杨某玲与其丈夫魏某旺到某汽车公司的展厅看车，该公司工作人员葛某显驾驶登记在公司名下的小型汽车带二人试车。葛某显驾驶该小型汽车在行驶过程中发生交通事故，造成乘车人员杨某玲、魏某旺不同程度受伤。事后，杨某玲、魏某旺将某汽车公司、葛某显诉至人民法院，要求其承担赔偿责任。

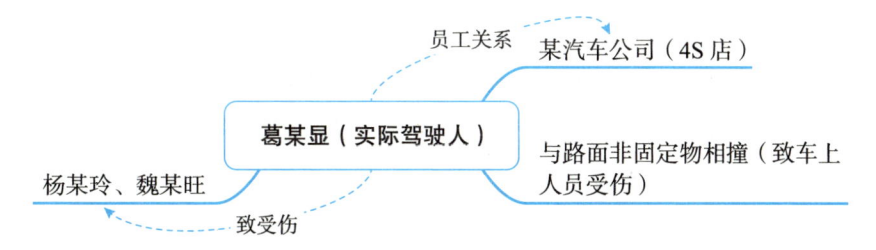

本案中，杨某玲、魏某旺在试乘过程中发生交通事故，责任是否应由试乘服务者某汽车公司承担？

说法

在机动车试乘过程中发生交通事故造成试乘人损害，除试乘人有过错外，提供试乘服务者应当承担赔偿责任。本案中，葛某显在带杨某玲、魏某旺试乘过程中发生交通事故，因葛某显系试乘服务者某汽车公司的工作人员，其试乘过程为执行工作任务，根据《中华人民共和国民法典》第1191条的规定，杨某玲、魏某旺的各项损失应由试乘服务者某汽车公司赔偿，其要求葛某显与某汽车公司承担连带赔偿责任无法律依据，法院不予支持。

055

找法

《中华人民共和国民法典》

第一千一百九十一条　用人单位的工作人员因执行工作任务造成他人损害的，由用人单位承担侵权责任。用人单位承担侵权责任后，可以向有故意或者重大过失的工作人员追偿。

劳务派遣期间，被派遣的工作人员因执行工作任务造成他人损害的，由接受劳务派遣的用工单位承担侵权责任；劳务派遣单位有过错的，承担相应的责任。

《最高人民法院关于审理道路交通事故损害赔偿案件适用法律若干问题的解释》

第六条　机动车试乘过程中发生交通事故造成试乘人损害，当事人请求提供试乘服务者承担赔偿责任的，人民法院应予支持。试乘人有过错的，应当减轻提供试乘服务者的赔偿责任。

举一反三

试乘活动其目的是达成汽车销售合同。试乘活动分为两种情况：第一，汽车销售商将车辆交予其员工驾驶，买方只是乘坐汽车而发生交通事故。除买方存在过错外，汽车销售商作为用人单位应当对损害结果承担赔偿责任。第二，汽车销售商将车辆交予买方驾驶，非自身原因导致交通事故。在一定程度上，汽车销售商必须尽到经营者的合理注意义务，如审查驾照、合理提示车辆特性及试驾路线、提供符合安全标准的车辆等。如没有前述证据，则汽车销售商可能对于损害结果承担补充责任。

二、交通事故中的责任归责问题

23 机动车存在缺陷导致交通事故发生，责任由谁承担？

遇事

2020年4月19日，刘某驾驶小型客车行驶至某高速公路81公里+33米处时，车辆向左偏驶，前保险杠及左前翼子板等与道路中心护栏碰撞后呈逆时针方向划转、侧翻并在向东滑移中与道路西侧护栏碰撞；划转过程中，后排座椅甩出并抛入北行车道，与鄂某某驾驶的中型货车的前端右侧相撞。上述行为致被告刘某及其车上乘坐人董某（系了安全带）、案外人杨某、孙某娜受伤，伊某、赵某飞当场死亡，路产和两车受损。某市交警高速公路四大队调查后认定，刘某雨天驾车未确保安全，超速行驶，负事故全部责任。

事发后，董某被送至某医院治疗，总计支出医疗费303697.68元。经鉴定，董某为十级伤残。另查明，第三人李某某于2019年7月购买了刘某所驾驶的车辆，该车辆经过改装，存在产品缺陷。第三人李某某于事发前将车辆抵押给案外人杨某，杨某于事发前将车辆交予与其同行的刘某驾驶。董某将刘某、李某某、保险公司诉至法院，将该缺陷车辆的销售者某汽车销售服务有限公司列为第三人。本案中，发生交通事故的车辆存在缺陷，责任应当如何承担？

说法

本案的争议焦点在于某汽车销售服务有限公司是否承担赔偿责任。本案原告并未将某汽车销售公司列为被告，而是在诉讼中追加其为第三人，依据《中华人民共和国民事诉讼法》第59条之规定，法院同意将某汽车销售公司作为第三人加入本案诉讼。根据《最高人民法院关于审理道路交通事故损害赔偿案件适用法律若干问题的解释》第9条之规定，机动车存在产品缺陷导致交通事故造成损害，当事人有权请求生产者或者销售者承担相应赔偿责任。本案中，某汽车销售公司为涉案车辆的销售者，且涉案车辆经鉴定，安全气囊存在安全隐患，另结合第三人某汽车销售公司未提交证据证明自身存在法定免责事由的情形，法院认定该公司所售车辆符合致人损害的构成要件，其作为销售者应承担相应的产品赔偿责任。故法院最终判定某汽车销售公司与其他被告共同承担赔偿责任。

找法

《最高人民法院关于审理道路交通事故损害赔偿案件适用法律若干问题的解释》

第九条 机动车存在产品缺陷导致交通事故造成损害，当事人请求生产者或者销售者依照民法典第七编第四章的规定承担赔偿责任的，人民法院应予支持。

《中华人民共和国民事诉讼法》

第五十九条 对当事人双方的诉讼标的，第三人认为有独立请求权的，有权提起诉讼。

对当事人双方的诉讼标的，第三人虽然没有独立请求权，但案件处理结果同他有法律上的利害关系的，可以申请参加诉讼，或者由人民法院通知他参加诉讼。人民法院判决承担民事责任的第三人，有当事人的诉讼权利义务。

前两款规定的第三人，因不能归责于本人的事由未参加诉讼，但有证据证明发生法律效力的判决、裁定、调解书的部分或者全部内容错误，损害其民事权益的，可以自知道或者应当知道其民事权益受到损害之日起六个月内，向作出该判决、裁定、调解书的人民法院提起诉讼。人民法院经审理，诉讼请求成立的，应当改变或者撤销原判决、裁定、调解书；诉讼请求不成立的，驳回诉讼请求。

二、交通事故中的责任归责问题

举一反三

对于涉及车辆缺陷问题导致的交通事故，被侵害人可以直接将该缺陷车辆的生产者、销售者列为被告。此外，对于该类案件法院不仅要查明车辆是否存在缺陷，还要查明该缺陷是否与事故发生具有一定的因果关系，如存在因果关系，车辆的生产者、销售者应承担相应的赔偿责任。

24 在存有缺陷的道路上行驶，发生交通事故，责任由谁承担？

遇事

2021年9月3日夜晚，田某驾驶一辆无号牌二轮摩托车沿某道由东向西行驶，遇路中有一电力拉线，拉线两侧有水泥石墩保护，水泥石墩两侧堆放土堆。因视线不清，田某驾车撞至路中水泥石墩发生交通事故，导致田某死亡。涉案路段属市政工程，该项目已移交县城管局进行管理，道路两旁未架设路灯及道路相关标识等市政公用设施。就田某交通事故死亡赔偿问题，田某家属向人民法院提起诉讼。本案中，作为道路管理者的县城管局对于因道路缺陷而导致的交通事故，其对损害结果是否应承担赔偿责任？

说法

县城管局对于损害结果应当承担赔偿责任。道路缺陷导致交通事故的发生，除归责于受害人在夜间驾驶机动车未尽充分谨慎注意义务外，同时也要求道路管理者采取一定的防护措施。本案中，事故路段的路障及运行管理的缺陷均是该起交通事故发生的重要原因。道路管理者即县城管局没有对影响安全通行的道路尽到安全防护、设立警示标识等管理维护义务，放任缺陷道路长期对公众安全造成重大及现实危害，县城管局对其过错行为致危害后果的发生，应承担相应的民事责任。因此，法院依法支持了田某亲属的诉请。

找法

《中华人民共和国道路交通安全法》

第一百零五条 道路施工作业或者道路出现损毁，未及时设置警示标志、未采取防护措施，或者应当设置交通信号灯、交通标志、交通标线而没有设置或者应当及时变更交通信号灯、交通标志、交通标线而没有及时变更，致使通行的人员、车辆及其他财产遭受损失的，负有相关职责的单位应当依法承担赔偿责任。

《最高人民法院关于审理道路交通事故损害赔偿案件适用法律若干问题的解释》

第七条第一款 因道路管理维护缺陷导致机动车发生交通事故造成损害，当事人请求道路管理者承担相应赔偿责任的，人民法院应予支持。但道路管理者能够证明已经依照法律、法规、规章的规定，或者按照国家标准、行业标准、地方标准的要求尽到安全防护、警示等管理维护义务的除外。

举一反三

对于因道路本身缺陷而发生交通事故所涉及的责任赔偿问题，根据《最高人民法院关于审理道路交通事故损害赔偿案件适用法律若干问题的解释》第7条第1款规定，因道路管理维护缺陷导致机动车发生交通事故造成损害，当事人请求道路管理者承担相应赔偿责任的，人民法院应予支持。但道路管理者能够证明已经依照法律、法规、规章的规定，或者按照国家标准、行业标准、地方标准的要求尽到安全防护、警示等管理维护义务的除外。对于这一规定，考察的主要方面是道路管理者是否尽到了安全注意义务。当因道路本身缺陷而发生交通事故时，受害人应及时取证，以证明当时道路管理维护存在缺陷，如没有足够的安全防护、警示标记等，这样就可以要求道路管理者承担赔偿责任。

25 好意同乘，发生交通事故后，责任由谁承担？

遇事

2021年8月17日，何某驾驶一辆载货汽车载着朋友曾某良沿某国道行驶时，与刘某驾驶重型半挂牵引车发生碰撞，造成两车受损及曾某良受伤的道路交通事故。曾某良向刘某、何某主张赔偿无果后，向人民法院提起诉讼。何某称其是出于好意而允许朋友曾某良无偿搭乘，不应承担赔偿责任。曾某良称不能因好意载乘而免除何某的责任。本案中，何某允许曾某良无偿搭乘其载货汽车发生交通事故后，何某是否需要承担赔偿责任？

说法

何某应当赔偿曾某良的损失，但可减轻其赔偿责任。在好意同乘中发生交通事故，造成搭乘人损害的情形下，好意同乘行为就转变为侵权行为，车辆驾驶人应对其过错承担法律责任。《中华人民共和国民法典》第1217条规定："非营运机动车发生交通事故造成无偿搭乘人损害，属于该机动车一方责任的，应当减轻其赔偿责任，但是机动车使用人有故意或者重大过失的除外。"本案中，何某允许曾某良无偿搭乘其驾驶的载货汽车，属于好意同乘，发生交通事故后，何某负交通事故的主要责任，但尚不属于重大过失，可适当减轻何某对曾某良的赔偿责任。因此，法院判决何某对曾某良应承担70%的赔偿责任。

找法

《中华人民共和国民法典》

第一千二百零八条 机动车发生交通事故造成损害的，依照道路交通安全法律和本法的有关规定承担赔偿责任。

第一千二百一十七条 非营运机动车发生交通事故造成无偿搭乘人损害，属于该机动车一方责任的，应当减轻其赔偿责任，但是机动车使用人有故意或者重大过失的除外。

举一反三

好意同乘就是俗称的"搭便车"，在平常生活中非常普遍，在《中华人民共和国民法典》实施前，法律对好意同乘没有直接的规范，因此在实践中对于好意同乘发生交通事故如何承担责任一直存在争议。《中华人民共和国民法典》施行后，好意同乘有了明确的法律规范，对保护搭乘人的生命财产安全具有重要的保障作用，同时对车辆驾驶人的责任承担具有指引作用，有助于营造助人为乐的良好社会氛围。根据《中华人民共和国民法典》第1217条的规定，非营运机动车发生交通事故造成无偿搭乘人损害，属于该机动车一方责任的，应当减轻其赔偿责任，但是机动车使用人有故意或者重大过失的除外。需要注意的是，驾驶人如有除外条款所规定的情形，应当承担全部责任，具体的责任还应结合相关交通事故认定书和具体事实进行分析。

三

交通事故中的保险问题

三、交通事故中的保险问题

26 未投保交强险的机动车发生交通事故，造成损害，责任由谁承担？

遇事

2022年5月3日20时左右，郑某某驾驶二轮摩托车沿道路自东向西行驶时，与刘某某所骑二轮电动车相撞。事故发生后，因车流量较大且双方未及时报警而导致无法还原事故现场，故交警大队因事故原因无法查明而未认定事故责任。另查明，郑某某所驾驶的二轮摩托车未在保险公司投保交强险。刘某某主张赔偿事宜，双方协商无果后，刘某某向人民法院提起诉讼。一审法院判决认定刘某某、郑某某应负事故的同等责任。刘某某不服，上诉至二审法院。本案中，关于郑某某驾驶未投保交强险的机动车造成损害，责任应如何承担？

说法

《最高人民法院关于审理道路交通事故损害赔偿案件适用法律若干问题的解释》第16条规定，未依法投保交强险的机动车发生交通事故造成损害，当事人请求投保义务人在交强险责任限额范围内予以赔偿的，人民法院应予支持。

本案中，郑某某与刘某某两人未及时报案，交警大队因事故原因无法查明而未认定事故责任，造成此后果，双方均有过错，应承担同等责任；又因为，郑某某驾驶的机动车未投保交强险，故依据上述规定，对刘某某的损失，应由郑某某在交强险责任限额范围内予以赔偿，其余损失由双方平等承担。

找法

《最高人民法院关于审理道路交通事故损害赔偿案件适用法律若干问题的解释》

第十六条第一款 未依法投保交强险的机动车发生交通事故造成损害，当事人请求投保义务人在交强险责任限额范围内予以赔偿的，人民法院应予支持。

举一反三

交强险，是由保险公司对被保险机动车发生道路交通事故造成受害人（不包括本车人员和被保险人）的人身伤亡、财产损失，在责任限额内予以赔偿的强制性责任保险。一般情况下，发生交通事故后，保险公司应当在交强险的责任限额内承担赔偿责任。但在未投保交强险的机动车造成损害的情形下，侵权人应当自费全额承担交强险范围内的赔偿责任，再按侵权责任比例承担交强险之外的损害赔偿。

三、交通事故中的保险问题

㉗ 被保险机动车年检合格但在发生交通事故时检验不合格的情形，是否属于保险公司免责的情形？

遇事

2022年10月29日，柴某驾驶重型半挂牵引车沿某国道由北往南行驶时，与停于前方路面等候通行的陈某驾驶的重型半挂牵引车相撞，造成柴某当场死亡、两车及车上货物损坏的交通事故。本起事故经县公安局交通警察大队认定，柴某负事故主要责任；陈某当日驾驶的车辆尾部反光标识不符合相关技术标准，以致夜间不能对其他车辆起到应有的警示作用，是引发此次事故的次要原因，负事故次要责任。陈某驾驶的重型半挂牵引车在某保险公司投保了交强险及商业三者险，后柴某亲属将陈某、保险公司诉至人民法院。保险公司抗辩称，机动车虽然年检合格，但在发生交通事故时检验不合格（车辆上的反光标识不合格），根据保险合同的约定，被保险车辆"未按规定检验或检验不合格"属于保险公司的免责事由。那么，被保险机动车年检合格但在发生交通事故时检验不合格的情形，是否属于保险公司免责的情形？

说法

驾驶人在驾驶机动车上道路行驶前，应当在合理谨慎范围内尽到认真检查机动车安全技术性能的日常检验义务，避免驾驶具有明显安全隐患的机动车，但这并不构成保险公司的免责事由。本案中，根据司法鉴定中心出具的《司法鉴定意见书》以及现场照片，涉案被保险机动车后部的反光标识并非没有，而是"不合格"，即被保险机动车安全技术性能并没有明显重大故障

069

隐患，不属于保险公司抗辩所称的检验不合格的情形，因此不能免除保险公司的保险责任。

找法

《中华人民共和国保险法》

第三十条 采用保险人提供的格式条款订立的保险合同，保险人与投保人、被保险人或者受益人对合同条款有争议的，应当按照通常理解予以解释。对合同条款有两种以上解释的，人民法院或者仲裁机构应当作出有利于被保险人和受益人的解释。

《中华人民共和国道路交通安全法》

第十三条 对登记后上道路行驶的机动车，应当依照法律、行政法规的规定，根据车辆用途、载客载货数量、使用年限等不同情况，定期进行安全技术检验。对提供机动车行驶证和机动车第三者责任强制保险单的，机动车安全技术检验机构应当予以检验，任何单位不得附加其他条件。对符合机动车国家安全技术标准的，公安机关交通管理部门应当发给检验合格标志。

对机动车的安全技术检验实行社会化。具体办法由国务院规定。

机动车安全技术检验实行社会化的地方，任何单位不得要求机动车到指定的场所进行检验。

公安机关交通管理部门、机动车安全技术检验机构不得要求机动车到指定的场所进行维修、保养。

机动车安全技术检验机构对机动车检验收取费用，应当严格执行国务院价格主管部门核定的收费标准。

三、交通事故中的保险问题

举一反三

本案中，涉案保险合同约定的"未按规定检验或检验不合格"应作整体理解，"检验不合格"应与该条款中的"未按规定检验"相呼应，意指被保险机动车已经按规定参加了定期年检，但检验结论为不合格。从格式条款的通常理解来看，"检验不合格"也应理解为被保险机动车年检不合格。本案中争议的保险合同免责条款是保险公司为了重复使用而预先拟定，属于格式条款。应当根据普通大众的理解进行解读，作出符合日常生活经验的通常解释，故保险公司以此作为免责事由是不利于保护投保人的合法权益的，保险公司应在商业三者险范围内承担赔偿责任。

28 被保险人投保后，在保单生效前发生道路交通事故的，保险公司应否赔付？

遇事

2022年7月14日20时30分，杨某驾驶产权人为某某公司的重型货车沿某国道由西向东行驶时，与孙某驾驶的产权人为李某的出租车发生碰撞，造成双方车辆不同程度损坏的交通事故。经查明，重型货车投保了交强险和商业三者险，交强险已生效，但商业三者险保险期间应从2022年7月15日零时起算。某某公司、孙某、李某及保险公司就赔偿事宜发生争议，进而诉至法院。该案一审判决由保险公司对孙某、李某的损失在交强险的范围内予以赔付。某某公司提起上诉，主张应由保险公司在交强险和商业三者险的范围内予以赔付；被上诉人保险公司则主张涉案事故发生时交强险已生效，商业三者险未生效，故应在交强险的范围内予以赔付。被保险人某某公司投保商业三者险后，在保单生效前发生道路交通事故的，保险公司是否应赔付？

说法

本案中，交通事故发生在交强险合同约定的时间内，商业三者险合同约定的时间外。根据《中华人民共和国保险法》第13条规定，依法成立的保险合同，自成立时生效。投保人和保险人可以对合同的效力约定附条件或者附期限。保险公司与某某公司对于交强险合同和商业三者险合同达成合意，说明双方当事人对两份合同的生效时间进行"附期限"的约定，在约定的期限未到来之时，合同暂不发生效力。最终，本案经过二审法院审理，驳回了上诉人诉求，认定保险公司在交强险责任范围内承担责任符合法律规定。

三、交通事故中的保险问题

找法

《中华人民共和国保险法》

第十三条 投保人提出保险要求，经保险人同意承保，保险合同成立。保险人应当及时向投保人签发保险单或者其他保险凭证。

保险单或者其他保险凭证应当载明当事人双方约定的合同内容。当事人也可以约定采用其他书面形式载明合同内容。

依法成立的保险合同，自成立时生效。投保人和保险人可以对合同的效力约定附条件或者附期限。

举一反三

保险合同的生效条件较为特殊，当保险人审核投保人填具的投保单后，并在投保单上签单表示同意承保时，即保险合同成立。但是，保险合同的成立不一定标志着保险合同的生效，往往是在合同成立后的某一时间生效。因此，支付保险费一般不是保险合同生效的前提条件。对此，在保险合同生效前发生交通事故，保险人与投保人约定了生效时间等内容，保险人对保险合同生效前的交通事故不承担保险赔偿责任。

29 仅支付部分保险费，保险合同是否生效？

遇事

张三与A保险公司订立保险合同，约定"投保人支付保险费后合同生效"，但对该生效条件是否为全额支付保险费约定不明，同时张三向保险公司支付了部分保险费。后张三发生保险事故，协商不成后，张三向人民法院提起诉讼。保险公司抗辩称，根据合同约定，张三未足额缴纳保险费，涉案保险合同未生效，张三无权依据未生效的保险合同主张权利，保险公司无须承担保险责任。张三则认为，保险费自己已经缴纳，合同已经生效，保险公司应当承担保险责任。那么，张三主张保险合同已经生效，要求保险公司承担赔付责任的诉求能否得到法院支持呢？

说法

本案的争议焦点为张三与A保险公司签订合同是否生效？保险合同的性质，按照《中华人民共和国保险法》第13条之规定，保险合同系诺成合同，双方达成合意，合同即成立，依法成立的保险合同，自成立时生效，但合同双方有权就合同效力进行特别约定。故本案保险合同对于"投保人支付保险费后合同生效"的约定合法有效。

关于仅支付部分保险费的合同是否生效，《全国法院民商事审判工作会议纪要》第97条明确："当事人在财产保险合同中约定以投保人支付保险费作为合同生效条件，但对该生效条件是否为全额支付保险费约定不明，已经支付了部分保险费的投保人主张保险合同已经生效的，人民法院依法予以支持。"故从立法本意的追寻、格式条款的理解及期待利益的保护等方面考量，部分支付保险费的保险合同生效。本案中，张三已经支付部分保险费用，应当以生效合同对待，A保险公司应当承担赔付责任。

三、交通事故中的保险问题

🔍 找法

《中华人民共和国保险法》

第十条 保险合同是投保人与保险人约定保险权利义务关系的协议。

投保人是指与保险人订立保险合同，并按照合同约定负有支付保险费义务的人。

保险人是指与投保人订立保险合同，并按照合同约定承担赔偿或者给付保险金责任的保险公司。

第十三条 投保人提出保险要求，经保险人同意承保，保险合同成立。保险人应当及时向投保人签发保险单或者其他保险凭证。

保险单或者其他保险凭证应当载明当事人双方约定的合同内容。当事人也可以约定采用其他书面形式载明合同内容。

依法成立的保险合同，自成立时生效。投保人和保险人可以对合同的效力约定附条件或者附期限。

举一反三

支付全额保险费并非认定保险公司承担责任的前提条件，但需注意的是，在保险公司承担保险责任前需补足保险费用。此外，投保人支付保险费，并与保险公司业务员就保险事宜达成一致，但还未来得及签订保险合同，发生保险事故的，保险公司仍应当承担保险责任。

075

30 机动车既有交强险又有商业三责险，发生交通事故后如何认定赔偿顺序？

遇事

2021年9月14日20时03分许，周某兰驾驶电动三轮车沿某路由北向南行驶至某路口时，与尹某燕驾驶的小型客车发生碰撞，造成周某兰受伤及两车损坏的道路交通事故。交警大队调查后认定，周某兰负事故主要责任，尹某燕负事故次要责任。另查明，周某兰在县人民医院住院治疗2天，在市第一人民医院住院治疗6天。尹某燕驾驶的车辆所有人为冯某敢，该车在某保险公司处投保了交强险和商业三者险。周某兰将尹某燕、冯某敢及某保险公司诉至法院，要求其赔偿各项损失。本案既有交强险又有商业三责险，如何认定赔偿顺序？

说法

机动车发生交通事故致人伤亡、财产损失的，应首先由承保交强险的保险公司在交强险限额范围内承担赔偿责任，不足部分，再由承保商业三者险的保险公司根据保险合同予以赔偿，仍有不足的，由侵权人按责任予以赔偿。本案中，被告尹某燕驾驶机动车与原告周某兰发生交通事故，造成周某兰受伤及车辆损坏的交通事故，尹某燕负事故次要责任，原告周某兰负事故主要责任，故原告的损失应由被告某保险公司在交强险范围内予以赔偿，超出交强险部分在商业三者险范围内按比例进行赔偿。

三、交通事故中的保险问题

🔍 找法

《中华人民共和国民法典》

第一千二百零八条　机动车发生交通事故造成损害的，依照道路交通安全法律和本法的有关规定承担赔偿责任。

第一千二百一十三条　机动车发生交通事故造成损害，属于该机动车一方责任的，先由承保机动车强制保险的保险人在强制保险责任限额范围内予以赔偿；不足部分，由承保机动车商业保险的保险人按照保险合同的约定予以赔偿；仍然不足或者没有投保机动车商业保险的，由侵权人赔偿。

举一反三

需注意的是，交强险赔偿的对象是发生交通事故时的车外第三人，不包括本车车上人员。此外，若多辆机动车发生交通事故造成第三人损害，损失超出各机动车交强险责任限额之和的，由各保险公司在各自责任限额范围内承担赔偿责任；损失未超出各机动车交强险责任限额之和的，由各保险公司按照其责任限额与责任限额之和的比例承担赔偿责任。

31 没有投保交强险的车辆在与行人发生交通事故后，是否按照双方在交通事故中的责任承担赔偿责任？

遇事

2022年3月6日，钱某驾驶轻便摩托车沿道路行驶时，与同向行走的行人吴某发生碰撞，造成吴某死亡的交通事故。交警大队调查后认定，钱某承担事故主要责任，吴某承担事故次要责任。另查明，该轻便摩托车未投保交强险。吴某亲属与钱某就赔偿事宜协商无果，遂将钱某诉至人民法院并要求钱某承担全部赔偿责任。钱某在答辩中称，在此次交通事故中，吴某也存在一定的过失，不应由自己承担全部赔偿责任。本案中，钱某所驾驶的摩托车没有投保交强险，在与行人发生交通事故后，是否按照双方在交通事故中的责任承担赔偿责任？

说法

《最高人民法院关于审理道路交通事故损害赔偿案件适用法律若干问题的解释》第16条第1款规定，未依法投保交强险的机动车发生交通事故造成损害，当事人请求投保义务人在交强险责任限额范围内予以赔偿的，人民法院应予支持。根据该规定，发生交通事故后，无论事故责任如何划分，肇事机动车一方需要先承担本应由交强险承担的赔偿责任，即在交强险赔偿限额内对行人的损失进行赔偿。对于超过交强险责任限额的部分，则应根据事故责任的认定来确定各方的赔偿责任。如果行人有过错，需要承担相应的责任比例。就本案而言，钱某承担事故的主要责任，吴某承担事故的次要责任，因此，钱某需要先在交强险赔偿限额内对吴某的损失进行赔偿；对于超过交强险责任限额的部分，则由双方根据责任认定来承担赔偿责任。

三、交通事故中的保险问题

🔍 找法

《中华人民共和国道路交通安全法》

第七十六条 机动车发生交通事故造成人身伤亡、财产损失的，由保险公司在机动车第三者责任强制保险责任限额范围内予以赔偿；不足的部分，按照下列规定承担赔偿责任：

（一）机动车之间发生交通事故的，由有过错的一方承担赔偿责任；双方都有过错的，按照各自过错的比例分担责任。

（二）机动车与非机动车驾驶人、行人之间发生交通事故，非机动车驾驶人、行人没有过错的，由机动车一方承担赔偿责任；有证据证明非机动车驾驶人、行人有过错的，根据过错程度适当减轻机动车一方的赔偿责任；机动车一方没有过错的，承担不超过百分之十的赔偿责任。

交通事故的损失是由非机动车驾驶人、行人故意碰撞机动车造成的，机动车一方不承担赔偿责任。

《最高人民法院关于审理道路交通事故损害赔偿案件适用法律若干问题的解释》

第十六条 未依法投保交强险的机动车发生交通事故造成损害，当事人请求投保义务人在交强险责任限额范围内予以赔偿的，人民法院应予支持。

投保义务人和侵权人不是同一人，当事人请求投保义务人和侵权人在交强险责任限额范围内承担相应责任的，人民法院应予支持。

🧑 举一反三

机动车驾驶员在驾驶过程中，应当遵守道路交通安全法及有关法律规定，谨慎操作，确保他人与自身的生命财产安全。根据相关规定，机动车与行人发生交通事故，主要从以下几个方面分析责任比例：

079

（1）非机动车、行人负事故全部责任的，减轻80%~90%的损害赔偿责任；（2）非机动车、行人负事故主要责任的，减轻60%~70%的损害赔偿责任；（3）非机动车、行人负事故同等责任的，减轻40%~50%的损害赔偿责任；（4）非机动车、行人负事故次要责任的，减轻20%~30%的损害赔偿责任。因此，没有投保交强险的车辆，在与行人之间发生交通事故后，应当按双方在交通事故中的责任承担赔偿责任。

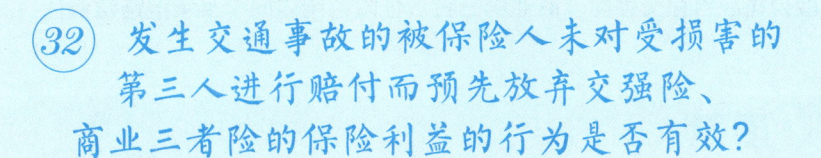

32 发生交通事故的被保险人未对受损害的第三人进行赔付而预先放弃交强险、商业三者险的保险利益的行为是否有效？

遇事

2021年4月29日，杜某驾驶小型轿车在道路上行驶时，与李某驾驶的货车发生碰撞，造成两车不同程度损坏及人员伤亡的道路交通事故。交警大队调查后认定，杜某负事故的全部责任。另查明，杜某所驾驶的车辆在保险公司投保了交强险及第三者责任险。李某就赔偿事宜与杜某协商无果，遂将杜某及保险公司诉至人民法院。保险公司答辩称，杜某已经预先放弃了交强险、商业三者险的保险利益，因此不承担赔偿责任。本案中，发生交通事故的杜某未对受损害的第三人进行赔付而预先放弃交强险、商业三者险的保险利益的行为是否有效？

说法

发生交通事故后，交通事故责任人（被保险人）向保险公司主张放弃交强险、商业三者险的保险利益的行为无效，保险公司应承担赔偿责任。根据《最高人民法院关于适用〈中华人民共和国保险法〉若干问题的解释（四）》第15条规定，被保险人对第三者应负的赔偿责任确定后，被保险人不履行赔偿责任，且第三者以保险人为被告或者以保险人与被保险人为共同被告提起诉讼时，被保险人尚未向保险人提出直接向第三者赔偿保险金的请求的，可以认定为属于《中华人民共和国保险法》第65条第2款规定的"被保险人怠于请求"的情形。本案中，杜某作为车辆的被保险人在申请书上签字确认放弃向保险公司索赔的权利，并不影响李某行使请求保险公司赔偿的权利，故

081

保险公司应当在交强险、商业第三者责任险范围内向李某承担赔偿责任。

找法

《最高人民法院关于适用〈中华人民共和国保险法〉若干问题的解释（四）》

第十五条　被保险人对第三者应负的赔偿责任确定后，被保险人不履行赔偿责任，且第三者以保险人为被告或者以保险人与被保险人为共同被告提起诉讼时，被保险人尚未向保险人提出直接向第三者赔偿保险金的请求的，可以认定为属于保险法第六十五条第二款规定的"被保险人怠于请求"的情形。

举一反三

根据《中华人民共和国保险法》第65条和《机动车交通事故责任强制保险条例》第21条、第31条的规定，同时投保交强险和商业三者险的机动车发生交通事故造成第三人损害的，第三人依法享有要求保险公司在交强险责任限额范围内和商业三者险保险责任范围内予以赔偿的权利。据此，发生交通事故的被保险人未对受损害的第三人进行赔付而预先放弃交强险、商业三者险的全部或部分保险利益的，该处分行为损害了第三人依法享有的索赔权利，应属无效，保险公司仍应在交强险责任限额范围内和商业三者险保险责任范围内依法对受害人予以赔偿。

33 若存在醉驾、无证驾驶等情形，保险公司是否应在交强险、商业三者险限额内进行赔付？

遇事

2021年8月14日，张某某醉酒后驾驶轻型多用途货车沿道路由南向北超速行驶时，因疏忽驶入对向车道，与向某某驾驶的小型轿车相撞，造成车辆损坏的交通事故。经调查，张某某所驾驶的轻型多用途货车所有人系江苏某工程机械有限公司，该车辆在保险公司投保了交强险和商业三者险。事故双方就赔偿事宜协商无果，向某某将张某某、江苏某工程机械有限公司、保险公司诉至人民法院。法院经审理后判决保险公司在交强险的范围内予以赔付。张某某不服一审判决，上诉至市中级人民法院。张某某上诉称，应当先由保险公司在交强险范围内赔偿后，再由保险公司在商业三者险范围内按照保险合同约定内容赔偿。而保险公司二审答辩称，张某某系醉酒驾驶，根据保险公司的保险条款，该行为属于商业三者险拒赔范围。本案中，张某某醉酒驾驶车辆，保险公司是否应在交强险、商业三者险范围内进行赔付？

说法

醉驾、无证驾驶是严重违反法律禁止性规定的行为，因此，醉酒驾驶车辆发生交通事故后，保险公司在交强险限额内予以赔付，对于超出的部分，商业三者险不予赔付。本案中，张某某醉酒驾驶车辆与向某某发生交通事故，其明知醉酒后驾驶机动车的行为是一种危险驾驶行为，仍然这样做，其主观上存在故意。根据《最高人民法院关于审理道路交通事故损害赔偿案件适用法律若干问题的解释》第15条规定，保险公司应当在交强险责任限额范围内予以赔偿，商业三者险不予赔付。因此，二审法院最终驳回上诉人张某某的诉讼请求。

找法

《最高人民法院关于审理道路交通事故损害赔偿案件适用法律若干问题的解释》

第十五条 有下列情形之一导致第三人人身损害，当事人请求保险公司在交强险责任限额范围内予以赔偿，人民法院应予支持：

（一）驾驶人未取得驾驶资格或者未取得相应驾驶资格的；

（二）醉酒、服用国家管制的精神药品或者麻醉药品后驾驶机动车发生交通事故的；

（三）驾驶人故意制造交通事故的。

保险公司在赔偿范围内向侵权人主张追偿权的，人民法院应予支持。追偿权的诉讼时效期间自保险公司实际赔偿之日起计算。

举一反三

机动车驾驶员醉驾、无证驾驶等导致交通事故的，保险公司应当在交强险范围内予以先行垫付后，并可以向侵权人进行追偿。交强险是法律强制性规定，保险人应当予以赔偿。但对于此类案件，需要结合交警大队出具的交通事故责任认定书，予以交通事故责任划分。但在商业三者险范围内，驾驶员醉驾、无证驾驶等导致交通事故的，保险公司不予赔偿。

三、交通事故中的保险问题

34 多辆机动车发生交通事故，部分机动车未投保交强险的，交强险应如何赔付？

遇事

2021年8月22日，王某某驾驶无牌照机动三轮车沿道路由西向东行驶，贾某某驾驶电动车由北向南行驶，因避让王某某驾驶的机动三轮车，贾某某与由南向北行驶的李某某驾驶的轻型仓栅式货车相撞，致贾某某受伤，电动车受损。经调查，李某某驾驶的轻型仓栅式货车在保险公司投保了交强险和商业三者险，王某某驾驶的无牌照机动三轮车未购买保险。几方因赔偿事宜发生争议，遂向人民法院提起诉讼。本案中，多辆机动车发生交通事故，部分机动车未投保交强险的，交强险应如何赔付？

说法

本案中，李某某（过错方）向保险公司投保了交强险，而王某某（非过错方）未缴纳保险，根据《中华人民共和国道路交通安全法》第76条和《最高人民法院关于审理道路交通事故损害赔偿案件适用法律若干问题的解释》第18条的规定，本案中的保险公司应当在交强险的范围内予以赔偿，超出的部分可以向未投保交强险的投保义务人行使追偿权。故法院对于保险公司在交强险范围内承担赔偿责任的判决符合法律规定。

找法

《中华人民共和国道路交通安全法》

第七十六条　机动车发生交通事故造成人身伤亡、财产损失的，由保险公司在机动车第三者责任强制保险责任限额范围内予以赔偿；不足的部分，按照下列规定承担赔偿责任：

（一）机动车之间发生交通事故的，由有过错的一方承担赔偿责任；双方都有过错的，按照各自过错的比例分担责任。

（二）机动车与非机动车驾驶人、行人之间发生交通事故，非机动车驾驶人、行人没有过错的，由机动车一方承担赔偿责任；有证据证明非机动车驾驶人、行人有过错的，根据过错程度适当减轻机动车一方的赔偿责任；机动车一方没有过错的，承担不超过百分之十的赔偿责任。

交通事故的损失是由非机动车驾驶人、行人故意碰撞机动车造成的，机动车一方不承担赔偿责任。

《最高人民法院关于审理道路交通事故损害赔偿案件适用法律若干问题的解释》

第十八条第三款 多辆机动车发生交通事故造成第三人损害，其中部分机动车未投保交强险，当事人请求先由已承保交强险的保险公司在责任限额范围内予以赔偿的，人民法院应予支持。保险公司就超出其应承担的部分向未投保交强险的投保义务人或者侵权人行使追偿权的，人民法院应予支持。

举一反三

在日常生活中，多车相撞的案件越来越多，大部分车辆都投有保险。但在这些事故中，也存在部分机动车未投保交强险的问题。《最高人民法院关于审理道路交通事故损害赔偿案件适用法律若干问题的解释》第18条第3款规定，多辆机动车发生交通事故造成第三人损害，其中部分机动车未投保交强险，当事人请求先由已承保交强险的保险公司在责任限额范围内予以赔偿的，人民法院应予支持。该司法解释对保险人先予赔付的法律问题予以肯定，这有利于受害人能够得到及时的救济。承保交强险的保险公司在责任限额内予以赔偿，剩余部分按照侵权人在事故中的责任比例予以赔偿，有利于受害人损失的及时填补，更有利于发挥交强险的基本保障功能。

35 自用车辆从事网约车营运未通知保险公司，发生交通事故后，保险公司是否应当予以赔偿？

遇事

2021年11月12日，许某某驾驶车辆行驶至某街道时，与停放在路边的轻型载货汽车发生碰撞，造成车辆损坏的交通事故。事故发生时，许某某驾驶车辆在网约车平台从事客运业务。2020年12月31日，许某某就该车辆向保险公司报案，要求保险公司承担保险责任。后双方因赔偿事宜发生争议，许某某将保险公司诉至人民法院。法院经审理后作出判决，对许某某的主张不予支持。许某某上诉至市中级人民法院，主张保险公司未履行说明义务。保险公司答辩称，被保险人未履行规定的通知义务，因保险标的的危险程度显著增加而发生保险事故，保险人不承担赔偿责任。本案中，许某某将自用车辆从事网约车营运未通知保险公司，因营运发生交通事故，保险公司是否应当予以赔偿？

说法

本案中，许某某将自用车改为网约车，改变了保险标的即肇事车辆的用途，且自用车作为网约车经营，属于保险标的危险程度显著增加的情形；保险公司在答辩中也称，保单中已明确说明改变车辆用途应通知保险人，但许某某并未将车辆用途改变的事实告知保险公司，保险人在保险合同订立时无法预计车辆用途发生改变及危险程度显著增加。因此，根据《中华人民共和国保险法》第52条规定，保险公司应当在交强险责任限额内予以赔偿，对于商业三者险部分，保险公司可以不予赔付。二审法院最终将许某某的上诉请求予以驳回。

三、交通事故中的保险问题

🔍 找法

《中华人民共和国保险法》

第五十二条 在合同有效期内，保险标的的危险程度显著增加的，被保险人应当按照合同约定及时通知保险人，保险人可以按照合同约定增加保险费或者解除合同。保险人解除合同的，应当将已收取的保险费，按照合同约定扣除自保险责任开始之日起至合同解除之日止应收的部分后，退还投保人。

被保险人未履行前款规定的通知义务的，因保险标的的危险程度显著增加而发生的保险事故，保险人不承担赔偿保险金的责任。

举一反三

网约车的出现改变了大家的出行方式，提供了快捷高效的"打的"服务，很多人都注册成为网约车车主，在闲暇的时候接个网约车订单，也算自身的兼职工作。但是，私家车从事网约车营运属于改变车辆用途，可能会直接导致发生交通事故后保险公司不赔付的问题。在保险合同中，如保险标的的危险程度显著增加，被保险人应当及时通知保险人，保险人可以增加保险费或者解除合同。被保险人未作通知，因保险标的的危险程度显著增加而发生的保险事故，保险人不承担赔偿责任。特别是以家庭自用名义投保的车辆从事网约车营运活动，被保险人应当及时通知保险公司。被保险人未作通知，因从事网约车营运发生的交通事故，保险公司可以在商业三者险范围内免赔。

36 当事人故意制造交通事故，保险公司是否应该承担赔偿责任？

遇事

2020年8月29日，罗某某驾驶在某保险公司处投保的大货车，在随其他大货车通过某超限综合检测站时，违法冲关，阻碍执法人员检查，与路政执勤车相碰撞，造成检测站执法人员李某某、韩某某、袁某某等5人受伤，执法车辆受损的交通事故。事故发生后，某保险公司在交强险责任限额内先行垫付本次事故中的5名伤者共计106155元赔偿款。罗某某违法冲关造成本次交通事故的行为，经某市中级人民法院终审判决，以妨害公务罪判处罗某某有期徒刑1年。原告某保险公司履行了垫付义务后，向人民法院提起诉讼对罗某某行使追偿权。本案中，投保人故意制造交通事故，构成刑事犯罪，原告某保险公司是否应承担赔偿责任，对已支付赔偿款是否享有追偿权？

说法

本案中，罗某某明知前方有超限综合检测站，仍用强行冲关这种危险方式阻碍执法人员执行职务，与检测站执法人员李某某驾驶的试图拦截冲关的路政执勤车相碰撞，属于故意制造交通事故。依据《机动车交通事故责任强制保险条例》第22条规定，对于故意制造交通事故的情形，保险人实际上是无保险责任的，应当由侵权人承担赔偿责任。

但交强险是维护公众利益，以法律法规的形式强制推行的保险，其目的不仅是通过分散风险的方式解脱被保险人的赔偿责任，也为交通事故的受害人提供基本保障，填补受害人的损失，使其得到快捷、公正的赔偿。根据《最高人民法院关于审理道路交通事故损害赔偿案件适用法律若干问题的解释》第15条"有下列情形之一导致第三人人身损害，当事人请求保险公司在交强险责任限额范围内予以赔偿,人民法院应予支持:(三)驾驶人故意制造交通事故的。保险公司在赔偿范围内向侵权人主张追偿权的,人民法院应予支持"之规定,保险公司在交强险责任限额内向交通事故的受害人赔偿人身损害的损失后,可依法在赔偿范围内向侵权人主张追偿权。最终,法院支持原告诉请,由故意制造交通事故当事人自行承担赔偿责任。

找法

《机动车交通事故责任强制保险条例》

第二十一条 被保险机动车发生道路交通事故造成本车人员、被保险人以外的受害人人身伤亡、财产损失的,由保险公司依法在机动车交通事故责任强制保险责任限额范围内予以赔偿。

道路交通事故的损失是由受害人故意造成的,保险公司不予赔偿。

第二十二条 有下列情形之一的,保险公司在机动车交通事故责任强制保险责任限额范围内垫付抢救费用,并有权向致害人追偿:

(一)驾驶人未取得驾驶资格或者醉酒的;

(二)被保险机动车被盗抢期间肇事的;

(三)被保险人故意制造道路交通事故的。

有前款所列情形之一,发生道路交通事故的,造成受害人的财产损失,保险公司不承担赔偿责任。

《最高人民法院关于审理道路交通事故损害赔偿案件适用法律若干问题的解释》

第十五条 有下列情形之一导致第三人人身损害,当事人请求保险公司在交强险责任限额范围内予以赔偿,人民法院应予支持:

(一)驾驶人未取得驾驶资格或者未取得相应驾驶资格的;

(二)醉酒、服用国家管制的精神药品或者麻醉药品后驾驶机动车发生交通事故的；

（三）驾驶人故意制造交通事故的。

保险公司在赔偿范围内向侵权人主张追偿权的，人民法院应予支持。追偿权的诉讼时效期间自保险公司实际赔偿之日起计算。

举一反三

> 需注意的是，除故意制造交通事故的情形外，驾驶人未取得驾驶资格或者醉酒的、被保险机动车被盗抢期间肇事的，保险公司在交强险责任限额范围内垫付抢救费用，并有权向致害人追偿；造成受害人的财产损失，保险公司不承担赔偿责任。

三、交通事故中的保险问题

㊲ 机动车发生交通事故后逃逸的，保险公司是否应该赔偿？

遇事

2021年4月13日15时20分许，被告杨某某驾驶小型轿车沿某路由东向西行驶时，与同向原告驾驶的电动二轮车发生碰撞，造成原告受伤、双方车辆部分损坏的道路交通事故。事故发生后杨某某离开现场，经多次通知于2021年7月21日到案接受处理。交警大队调查后认定，被告杨某某承担事故全部责任，原告无责任。原告主张赔偿事宜，双方协商无果后，原告将被告诉至法院。诉讼过程中，杨某某要求保险公司在交强险以及商业三者险限额范围内承担赔偿责任。本案中，杨某某存在逃逸行为，是否仍可以要求保险公司在交强险以及商业三者险责任限额内进行赔付？

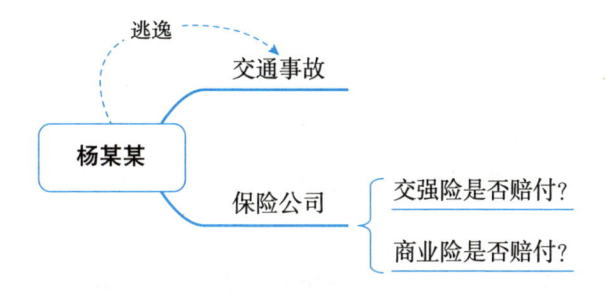

说法

根据相关法律规定，机动车驾驶人发生交通事故后逃逸，该机动车参加交强险的，保险公司需在交强险责任限额范围内予以赔偿。但对于商业三者险，一般属于免责事由，如保险公司尽到提示义务，则有权拒绝赔付。本案中，保险公司抗辩时称被告杨某某发生事故后肇事逃逸，属于商业三者险责任免除范围，且对免责条款已履行告知义务，故只在交强险责任限额内进行赔付，剩余损失应由杨某某自行承担。法院在审理时也确认上述事实，故对保险公司在车辆投保交强险范围内予以赔偿，超出限额的部分，商业三者险不再赔付，对由侵权人杨某某向受害人承担赔偿责任的抗辩请求予以支持。

找法

《中华人民共和国民法典》

第一千二百一十三条 机动车发生交通事故造成损害，属于该机动车一方责任的，先由承保机动车强制保险的保险人在强制保险责任限额范围内予以赔偿；不足部分，由承保机动车商业保险的保险人按照保险合同的约定予以赔偿；仍然不足或者没有投保机动车商业保险的，由侵权人赔偿。

《最高人民法院关于适用〈中华人民共和国保险法〉若干问题的解释（二）》

第十条 保险人将法律、行政法规中的禁止性规定情形作为保险合同免责条款的免责事由，保险人对该条款作出提示后，投保人、被保险人或者受益人以保险人未履行明确说明义务为由主张该条款不成为合同内容的，人民法院不予支持。

第十一条 保险合同订立时，保险人在投保单或者保险单等其他保险凭证上，对保险合同中免除保险人责任的条款，以足以引起投保人注意的文字、字体、符号或者其他明显标志作出提示的，人民法院应当认定其履行了保险法第十七条第二款规定的提示义务。

保险人对保险合同中有关免除保险人责任条款的概念、内容及其法律后果以书面或者口头形式向投保人作出常人能够理解的解释说明的，人民法院应当认定保险人履行了保险法第十七条第二款规定的明确说明义务。

三、交通事故中的保险问题

举一反三

对于机动车驾驶人在发生交通事故后逃逸的，保险公司是否应赔偿的问题应结合实际情况综合分析。根据《中华人民共和国保险法》第17条第2款及《最高人民法院关于适用〈中华人民共和国保险法〉若干问题的解释（二）》第10条、第11条之规定，保险人将法律、行政法规中的禁止性规定情形作为保险合同免责条款的，保险人仅需对该条款履行提示义务，并对免责条款的内容向投保人作出了足以引起注意的显著标识，如系网上的电子投保，是保险公司提供的格式保单，如果保险公司无法证明其向投保人尽到了提示义务，保险公司应当承担赔偿责任。

38 实习期内驾驶牵引半挂车发生交通事故，保险公司是否应当予以赔偿？

遇事

2020年8月31日，唐某驾驶重型半挂牵引车沿某国道由西向东行驶时，与王某驾驶的重型半挂车相撞，造成二车损坏，乘车人李某受伤的交通事故。交警大队调查后认定，唐某负该起交通事故的全部责任。随后，受害人李某向保险公司申请理赔损失，保险公司以驾驶员唐某持有增驾A2驾驶证在实习期内驾驶机动车牵引挂车发生交通事故，应当免除保险人责任为由拒绝赔偿。本案中，实习期内驾驶牵引半挂车发生交通事故，赔偿责任如何界定？

说法

保险公司应当承担保险理赔责任。本案中，我国行政法规仅规定机动车驾驶人初次申领机动车驾驶证后的12个月为实习期，并未规定增加准驾车型后的12个月为实习期，双方订立的保险合同中亦未对"实习期"作出明确释义，保险公司作为格式条款提供方，在条款内容理解发生争议的时候，应当作出对其不利的解释。而且如果不允许机动车驾驶人在实习期内"带挂"实习，以熟练掌握驾驶技能，仅驾驶牵引车头跑12个月，而在实习期满后可以直接"带挂"行驶，则与设定实习期的目的相悖。故保险公司的免责主张不能成立。

找法

《中华人民共和国道路交通安全法实施条例》

第二十二条第二款 机动车驾驶人初次申领机动车驾驶证后的12个月为

实习期。在实习期内驾驶机动车的，应当在车身后部粘贴或者悬挂统一式样的实习标志。

《机动车驾驶证申领和使用规定》

第七十六条第一款 机动车驾驶人初次取得汽车类准驾车型或者初次取得摩托车类准驾车型后的12个月为实习期。

第七十七条第一款 机动车驾驶人在实习期内不得驾驶公共汽车、营运客车或者执行任务的警车、消防车、救护车、工程救险车以及载有爆炸物品、易燃易爆化学物品、剧毒或者放射性等危险物品的机动车；驾驶的机动车不得牵引挂车。

举一反三

《中华人民共和国道路交通安全法实施条例》属于行政法规，公安部《机动车驾驶证申领和使用规定》属于部门规章，按照上位法优于下位法的原则。因此，在实习期间"带挂"应参照《中华人民共和国道路交通安全法实施条例》的规定。按照通常理解，针对初次申领机动车驾驶证而设定实习期的目的，是为了督促机动车驾驶人逐渐熟练掌握驾驶技能，注意安全驾驶、文明驾驶，悬挂实习标志以提醒他人注意。实习期内驾驶牵引半挂车发生交通事故，在行为人无特殊情况下，保险公司应当承担赔偿责任。

39 交强险"空白期"发生交通事故，保险公司是否应当承担赔偿责任？

遇事

2019年12月14日，温某某驾驶小型普通客车在道路上行驶时，与横过道路的行人赵某发生碰撞。经调查，温某某驾驶的汽车在某保险公司投保了交强险。事故发生后，温某某支付了赵某的各项费用。但某保险公司未支付费用给温某某。经双方协商不成后，温某某将保险公司诉至法院。某保险公司答辩称，交强险保单约定载明生效时间为2019年12月15日0时起至2020年12月14日24时止，且也以合理方式向温某某履行了明确告知义务，本案事故发生于2019年12月14日16时55分，此时保险尚未生效，故其不承担保险赔付责任。但一审法院支持了温某某的诉请，对此某保险公司提起上诉。本案中，对于温某某交强险"空白期"发生交通事故，保险公司是否应当承担赔偿责任？

说法

本案中，温某某于2019年12月14日16时55分前已将交强险保险费交予被告，但保险尚未生效。根据《中华人民共和国保险法》第14条规定："保险合同成立后，投保人按照约定交付保险费，保险人按照约定的时间开始承担保险责任。"本案的交强险保险合同的保险期间是2019年12月15日0时起至2020年12月14日24时止，且也以合理方式向温某某履行了明确告知义务，本案交通事故发生于2019年12月14日16时55分，即交通事故发生在保险期间之前。故该案在二审判决中予以纠正，二审法院撤销了一审法院的民事判决。

三、交通事故中的保险问题

🔍 找法

《中华人民共和国保险法》

第十四条 保险合同成立后,投保人按照约定交付保险费,保险人按照约定的时间开始承担保险责任。

举一反三

交强险未生效时出险一般不能获得理赔。根据《中国保险监督管理委员会关于加强机动车交强险承保工作管理的通知》和《中国保险监督管理委员会关于机动车交强险承保中"即时生效"有关问题的复函》的相关规定,交强险保单可以在出单时立即生效,除非投保人明确表达认可"自次日零时起生效"的保险条款,否则此条款不得被视为预先设定的格式条款而自动适用。此外,《中华人民共和国民法典》和《机动车交通事故责任强制保险条例》也明确规定,在保险合同未生效的情况下,保险公司不承担赔偿责任。

40 商业三者险合同中约定法律、行政法规中禁止性规定的情形，保险公司是否负有提示说明义务？

遇事

2021年10月13日，吴某某醉酒后驾驶小型轿车沿道路由北往南行驶时，与横过道路的骑自行车的彭某某发生碰撞。事故发生后，就赔偿事宜吴某某与其所投保的保险公司发生争议，进而诉至法院。一审法院判决保险公司在交强险限额范围内予以赔付。吴某某不服一审判决，上诉至二审法院。吴某某认为，商业三者险的保险单中并没有明确提示"饮酒驾车"这一法律禁止性规定情形，一审法院错误地认定保险公司向其履行了明确说明免责条款的义务。但保险公司答辩称，吴某某醉酒驾车行为属法律、行政法规中的禁止性规定情形，将法律、行政法规中的禁止性规定情形作为保险合同免责条款，保险人依法无须履行明确说明告知义务。本案中，对于法律、行政法规中禁止性规定的情形，保险公司是否负有提示说明义务？

说法

《中华人民共和国保险法》第17条第2款规定，对保险合同中免除保险人责任的条款，保险人在订立合同时应当在投保单、保险单或者其他保险凭证上作出足以引起投保人注意的提示，并对该条款的内容以书面或者口头形式向投保人作出明确说明；未作提示或者明确说明的，该条款不产生效力。《最高人民法院关于适用〈中华人民共和国保险法〉若干问题的解释（二）》第10条规定，保险人将法律、行政法规中的禁止性规定情形作为保险合同免责条款的免责事由，保险人对该条款作出提示后，投保人、被保险人或者受益人以保险人未履行明确说明义务为由主张该条款不成为合同内容的，人民法院不予支持。

根据上述规定，将法律、行政法规中的禁止性规定作为商业三者险合同中的免责事由时，保险公司需履行提示说明义务，只是无须像一般免责条款那样履行明确说明义务。二审法院经审理后认为保险公司不能证明其分公司已经依法履行提示告知义务，故案涉商业三者险免责条款亦未产生效力。因此，二审法院对一审法院关于保险公司不承担商业三者险范围内的责任的判决予以纠正。

找法

《最高人民法院关于适用〈中华人民共和国保险法〉若干问题的解释（二）》

第十条 保险人将法律、行政法规中的禁止性规定情形作为保险合同免责条款的免责事由，保险人对该条款作出提示后，投保人、被保险人或者受益人以保险人未履行明确说明义务为由主张该条款不成为合同内容的，人民法院不予支持。

第十一条 保险合同订立时，保险人在投保单或者保险单等其他保险凭证上，对保险合同中免除保险人责任的条款，以足以引起投保人注意的文字、字体、符号或者其他明显标志作出提示的，人民法院应当认定其履行了保险法第十七条第二款规定的提示义务。

保险人对保险合同中有关免除保险人责任条款的概念、内容及其法律后果以书面或者口头形式向投保人作出常人能够理解的解释说明的，人民法院应当认定保险人履行了保险法第十七条第二款规定的明确说明义务。

举一反三

> 对保险合同中免除保险人责任的条款，保险人在订立合同时应当在投保单、保险单或者其他保险凭证上作出足以引起投保人注意的提示，并对该条款的内容以书面或者口头形式向投保人作出明确说明；未作提示或者明确说明的，该条款不产生效力。保险人应对其尽到了提示义务承担举证责任。

41 被保险机动车驾驶人无证、醉酒、毒驾等违法驾驶情形下，交强险保险公司的追偿权是否及于车辆所有人、管理人？

遇事

2019年6月10日，杨某醉酒驾驶借来的小型越野客车（宫某所有）在道路上行驶时，与孙某驾驶的小型轿车发生碰撞，造成孙某死亡的交通事故。孙某亲属向杨某主张赔偿，经协商后无果，遂将杨某、宫某、车辆投保的保险公司诉至人民法院。在庭上，保险公司称其已将醉酒驾驶列为保险条款中的免责事由，并尽到了提示义务，故其不应承担赔偿责任。法院经审理认为，保险公司应在交强险责任限额范围内予以赔偿。本案中，被保险机动车驾驶人杨某醉酒驾驶车辆发生交通事故，交强险保险公司的追偿权是否及于车辆所有人、管理人？

说法

驾驶人存在无证、醉酒、吸毒等情形驾驶机动车，造成交通事故，致第三人人身损害的，保险公司应当在交强险责任限额范围内承担赔偿责任，其承担赔偿责任后可以向侵权人予以追偿。本案中，杨某饮酒后驾驶机动车并造成他人人身损害，属于违法行为，为法律所禁止。保险公司依照法律规定在交强险责任限额范围内承担赔偿责任后，有权向侵权人追偿；若车辆所有人、管理人存在过错，保险公司也有权向其车辆所有人、管理人追偿。

三、交通事故中的保险问题

🔍 找法

《最高人民法院关于审理道路交通事故损害赔偿案件适用法律若干问题的解释》

第十五条　有下列情形之一导致第三人人身损害，当事人请求保险公司在交强险责任限额范围内予以赔偿，人民法院应予支持：

（一）驾驶人未取得驾驶资格或者未取得相应驾驶资格的；

（二）醉酒、服用国家管制的精神药品或者麻醉药品后驾驶机动车发生交通事故的；

（三）驾驶人故意制造交通事故的。

保险公司在赔偿范围内向侵权人主张追偿权的，人民法院应予支持。追偿权的诉讼时效期间自保险公司实际赔偿之日起计算。

举一反三

现实生活中，当我们将车辆借给他人，第三人无证、醉酒、毒驾等违法驾驶造成交通事故，致第三人人身损害时，保险公司应当在交强险责任限额范围内对事故受害人予以赔偿，其赔偿后可以向侵权人追偿。车辆所有人和管理人有过错的，也可以同时向所有人、管理人追偿。但在交通事故案件中也不排除存在被驾驶车辆未投保交强险的个别案情，如发生上述情形的，则应当由车辆的侵权人和有过错的所有人、管理人承担赔偿责任。

42 车辆因损坏而停运，出租车司机的车辆承包金损失是否属于交强险的赔偿范围？

遇事

2019年7月31日，高某某驾驶中型普通客车由北向南行驶时，与李某某驾驶的出租车发生碰撞，造成李某某所驾驶的出租车损坏的交通事故。交警大队调查后认定，高某某负事故全部责任。次日，李某某将受损车辆送往维修厂维修，于2019年8月20日维修完毕出厂。后李某某就主张出租车停运损失将高某某、保险公司诉至法院。一审法院认为车辆承包金损失、运营收入损失不属于交强险的赔偿范围，遂判决由高某某承担该费用。高某某对一审判决不服，上诉至二审法院。本案中，车辆因损坏而停运，出租车司机的车辆承包金损失是否属于交强险的赔偿范围？

说法

根据《机动车交通事故责任强制保险条款》第10条规定，被保险机动车发生交通事故，致使受害人停业、停驶、停电、停水、停气、停产、通讯或者网络中断、数据丢失、电压变化等造成的损失以及受害人财产因市场价格变动造成的贬值、修理后因价值降低造成的损失等其他各种间接损失，交强险不负责赔偿和垫付。也就是说，因车辆损坏导致无法从事运营而产生的车辆承包金损失，属于间接的财产损失，不属于交强险的赔偿范围。二审法院对本案审理后认定，高某某主张的车辆承包金损失、运营收入损失属于直接损失，据此要求保险公司对上述损失在交强险责任限额内承担赔偿责任的意见缺乏事实及法律依据，驳回其诉讼请求。

三、交通事故中的保险问题

🔍 找法

《机动车交通事故责任强制保险条例》

第三条　本条例所称机动车交通事故责任强制保险，是指由保险公司对被保险机动车发生道路交通事故造成本车人员、被保险人以外的受害人的人身伤亡、财产损失，在责任限额内予以赔偿的强制性责任保险。

第二十一条　被保险机动车发生道路交通事故造成本车人员、被保险人以外的受害人人身伤亡、财产损失的，由保险公司依法在机动车交通事故责任强制保险责任限额范围内予以赔偿。

道路交通事故的损失是由受害人故意造成的，保险公司不予赔偿。

举一反三

出租车司机因人身损害导致其无法正常驾驶车辆从事车辆运营而产生的车辆承包金损失，应计入误工损失的范畴，在交强险的死亡伤残赔偿限额项下予以先行赔偿。就交通事故造成车辆损坏无法运营而产生的出租车承包金损失，属于《机动车交通事故责任强制保险条款》第10条第3项规定的不负责赔偿的间接损失的范围，因此交强险不予赔偿。

43 交通事故损害赔偿纠纷案件中，机动车交强险中的分项限额能否突破？

遇事

2020年8月1日6时30分，王某利驾驶小型客车在某交叉口掉头时，与同向张某红驾驶的电动自行车碰撞，造成张某红受伤的交通事故。2020年8月3日，某市交通管理支队事故预防和处理大队对该事故作出的道路交通事故认定书认定：王某利负全部责任，张某红无责任。另查明，王某利为小型客车登记车主，并为该车在某保险公司投保交强险，交强险责任限额医疗费用赔偿限额为10000元、死亡伤残赔偿限额为110000元、财产损失赔偿限额为2000元。事故发生时处于交强险的保险期间。原告张某红要求保险公司先行支付因事故产生的所有费用。而保险公司称仅能在交强险各分项限额内先行赔付。那么本案中的交强险的分项限额能否突破呢？

说法

交强险中的分项限额在司法实践中是不能突破的。本案中，人民法院在裁判中根据法律法规的规定，判决张某红因事故产生医疗费、住院伙食补助费、营养费，由保险公司在交强险医疗费用限额内进行赔偿，超出分项限额部分损失由王某利承担赔偿责任；张某红因事故而产生的误工费、护理费、伤残赔偿金、被扶养人生活费、精神抚慰金、交通费、鉴定费由保险公司在交强险死亡伤残赔偿限额内赔偿，超出分项限额部分损失由王某利予以赔偿。

三、交通事故中的保险问题

找法

《中华人民共和国道路交通安全法》

第七十六条 机动车发生交通事故造成人身伤亡、财产损失的，由保险公司在机动车第三者责任强制保险责任限额范围内予以赔偿；不足的部分，按照下列规定承担赔偿责任：

（一）机动车之间发生交通事故的，由有过错的一方承担赔偿责任；双方都有过错的，按照各自过错的比例分担责任。

（二）机动车与非机动车驾驶人、行人之间发生交通事故，非机动车驾驶人、行人没有过错的，由机动车一方承担赔偿责任；有证据证明非机动车驾驶人、行人有过错的，根据过错程度适当减轻机动车一方的赔偿责任；机动车一方没有过错的，承担不超过百分之十的赔偿责任。

交通事故的损失是由非机动车驾驶人、行人故意碰撞机动车造成的，机动车一方不承担赔偿责任。

《机动车交通事故责任强制保险条例》

第二十三条第一款 机动车交通事故责任强制保险在全国范围内实行统一的责任限额。责任限额分为死亡伤残赔偿限额、医疗费用赔偿限额、财产损失赔偿限额以及被保险人在道路交通事故中无责任的赔偿限额。

举一反三

《机动车交通事故责任强制保险条例》第23条规定，机动车交通事故责任强制保险在全国范围内实行统一的责任限额。责任限额分为死亡伤残赔偿限额、医疗费用赔偿限额、财产损失赔偿限额以及被保险人在道路交通事故中无责任的赔偿限额。该条例作为行政法规确立了分项限额制度。由于"交强险"的分项限额与机动车交通事故中财产损失、人身损害所占比例密切相关，与保险费直接联系，不能随意打破。故对机动车交通事故造成的各项损害，应根据《机动车交通事故责任强制保险条例》的规定，在各限额内予以赔偿，不能超出。

三、交通事故中的保险问题

44 运输危险货物的机动车发生交通事故致环境污染，损害赔偿责任由谁承担？

遇事

2021年5月12日，忽某驾驶涉案重型罐式半挂车在某县路段侧翻，造成车载32.36吨柴油泄漏、道路设施受损的交通事故。事故发生后，为了控制环境污染，防止柴油泄漏污染河道，造成更大的损失，某县政府及时启动应急响应。某县生态环境局作为救援单位之一，参与了事故应急救援工作，为此支出了费用。交警大队作出的道路交通事故认定书认定，忽某驾驶安全设施不全的机动车行经下坡路段时发生交通事故，负事故的全部责任。忽某驾驶的涉案重型罐式半挂车的登记所有人为某燃气公司，故某县生态环境局起诉忽某及某燃气公司、保险公司主张赔偿。保险公司辩称："应急环境监测系原告的法定职能，不应收取费用。本公司已向投保人履行了提示和明确说明义务，原告诉请的各项费用属于车辆发生交通事故后，所载柴油泄漏造成污染的损失，属于保险合同约定的免责情形，应当免责。"那么，运输危险货物的机动车发生交通事故致环境污染，损害赔偿责任由谁承担？

说法

根据《中华人民共和国突发事件应对法》第17条和《生产安全事故应急条例》第19条规定，涉案交通事故导致车载柴油泄漏，造成环境污染损害，某县生态环境局因处理柴油泄漏造成的环境污染损害而支出的相关费用，属于《中华人民共和国保险法》所规定的保险范围。本案系机动车事故责任纠纷，某县生态环境局因处理涉案车辆柴油泄漏造成的环境污染损害而支出的相关费用属于该起交通事故中的财产损失，应由交通事故的侵

109

权人承担赔偿责任，某县生态环境局有权向事故责任单位某燃气公司等主张赔偿。保险公司作为案涉机动车的保险机构，应按保险合同约定承担保险理赔责任。

找法

《中华人民共和国突发事件应对法》

第十七条第一款 县级人民政府对本行政区域内突发事件的应对管理工作负责。突发事件发生后，发生地县级人民政府应当立即采取措施控制事态发展，组织开展应急救援和处置工作，并立即向上一级人民政府报告，必要时可以越级上报，具备条件的，应当进行网络直报或者自动速报。

《生产安全事故应急条例》

第十九条 应急救援队伍接到有关人民政府及其部门的救援命令或者签有应急救援协议的生产经营单位的救援请求后，应当立即参加生产安全事故应急救援。

应急救援队伍根据救援命令参加生产安全事故应急救援所耗费用，由事故责任单位承担；事故责任单位无力承担的，由有关人民政府协调解决。

《中华人民共和国保险法》

第五十七条 保险事故发生时，被保险人应当尽力采取必要的措施，防止或者减少损失。

保险事故发生后，被保险人为防止或者减少保险标的的损失所支付的必要的、合理的费用，由保险人承担；保险人所承担的费用数额在保险标的损失赔偿金额以外另行计算，最高不超过保险金额的数额。

三、交通事故中的保险问题

举一反三

在某些保险合同中,保险人会罗列一些保险人免责的事由。在判断事故行为是否属于免责条款时,应当根据普通大众的理解,作出符合日常生活经验的通常解释。比如,在上述案件中,保险合同中载明的免责条款中的"污染"与地震等事由并列,应当解释为与地震等同一级别的不可抗力情形而导致损害后果的污染事件。如果"污染"系因投保车辆发生交通事故等人为因素导致,明显非"污染"免责条款中表述的具有不可抗力性质的"污染"情形。保险合同同时将该"污染"解释为非不可抗力性质的"污染",与投保人的投保目的相悖,在保险人与投保人存在理解分歧的情况下,保险人以此主张免责的,依法应当不予支持。

45 因司机原因导致下车人员人身和财产损失的，保险公司是否应当在交强险责任限额范围内承担赔偿责任？

遇事

2021年2月21日20时许，许某驾驶大型普通客车准备在道路旁停车时，由于在车辆未停稳之前即打开车门，致使准备下车的乘客樊某受伤。交警大队调查后认定，许某负事故全部责任。樊某就事故赔偿事宜将驾驶人许某、车辆投保的保险公司诉至法院，要求其承担赔偿责任。保险公司认为，本案事故的损失并不在交强险赔偿范围内，据此拒绝承担赔偿责任。对于此类交通事故，保险公司是否应在交强险责任限额范围内承担赔偿责任？

说法

车上人员是否属于交强险赔偿对象成为本案的争议焦点。依据《机动车交通事故责任强制保险条例》第3条及《中国保险行业协会机动车商业保险示范条款》第3条的规定，交强险及商业三者险的赔偿对象不包括被保险人及本车车上人员。本案中，车辆在未停稳之前就打开车门，致使该车乘客樊某准备下车时受伤。认定案涉事故发生时樊某在事故车辆之上，其受伤系因下车时摔伤，并未受到本车的碰撞、碾轧，故樊某应属于案涉车辆的车上人员，其因本次事故受伤产生的合理损失并不在交强险的赔偿范围之内。故保险公司无义务在交强险责任限额范围内承担赔偿责任。

三、交通事故中的保险问题

找法

《机动车交通事故责任强制保险条例》

第二十一条第一款 被保险机动车发生道路交通事故造成本车人员、被保险人以外的受害人人身伤亡、财产损失的，由保险公司依法在机动车交通事故责任强制保险责任限额范围内予以赔偿。

《最高人民法院关于审理道路交通事故损害赔偿案件适用法律若干问题的解释》

第十四条 投保人允许的驾驶人驾驶机动车致使投保人遭受损害，当事人请求承保交强险的保险公司在责任限额范围内予以赔偿的，人民法院应予支持，但投保人为本车上人员的除外。

举一反三

需注意的是，因交通事故导致车上人员脱离本车的，该人员仍属于"本车车上人员"，因此，不属于交强险赔偿范围；车上人员在下车时因本车原因造成人身或财产损害的，应当认定为下车时仍为"本车车上人员"，因此，也不属于交强险赔偿范围。对于车上人员受损的，一般由承运人承担损害赔偿责任，但伤亡是旅客自身健康原因造成的或者承运人证明伤亡是旅客故意、重大过失造成的除外。另外，乘车人有权以违约为由要求承运人承担赔偿责任。此外，如果乘车人在乘车过程中财产受到损失，而承运人对该财产的损失没有过错的，承运人不承担责任。这一点与乘车人人身受到损害不一样，乘车人人身受到损害，不管承运人在交通事故中有没有过错，都要承担责任。

46 连环碰撞交通事故中，同一车辆的交强险可多次使用吗？

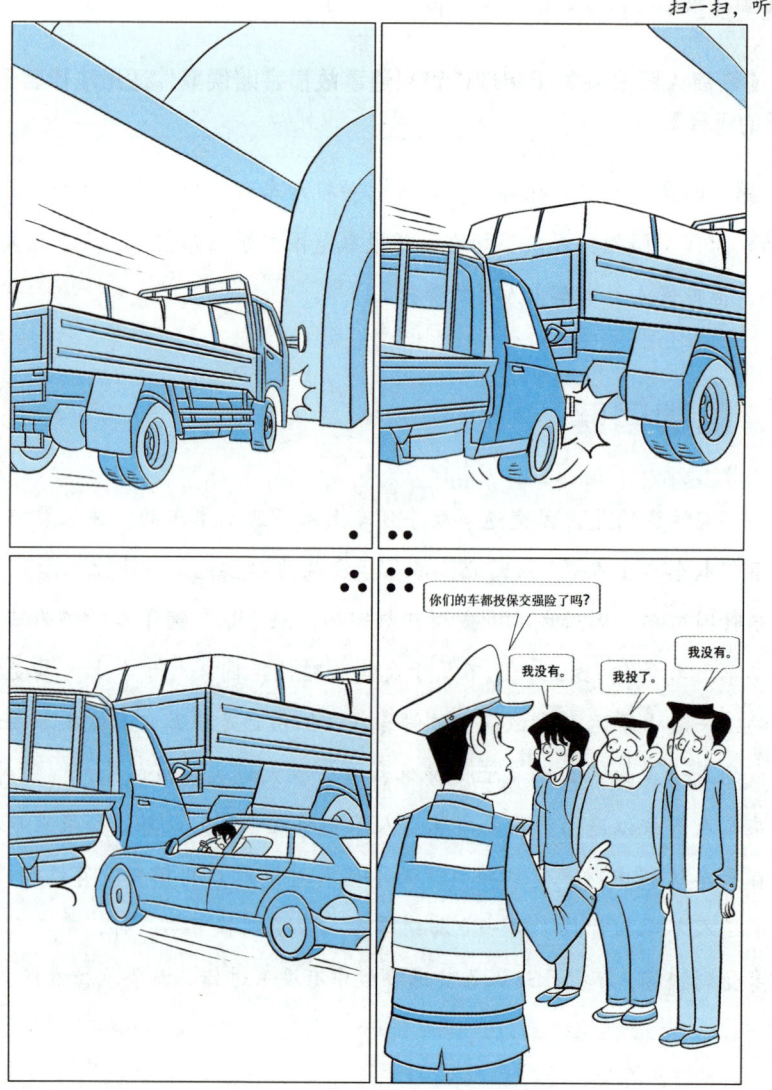

遇事

扫一扫，听案情

三、交通事故中的保险问题

说法

　　在多车连续碰撞的交通事故中，同一车辆的交强险能否多次使用应结合整个事故的全过程来分析，即多车连续碰撞的事故是作为一次整体性的事故来处理还是分为数个单独的事故而分别定责。本案中，前后两次事故间隔时间存在时差，荣某没有采取足够的警示措施，导致了后期碰撞的发生。因此，两次事故发生原因应该分别评价。故承保荣某车辆的保险公司应当分别在两个交强险范围内承担赔偿责任。

找法

《机动车交通事故责任强制保险条例》

　　第三条　本条例所称机动车交通事故责任强制保险，是指由保险公司对被保险机动车发生道路交通事故造成本车人员、被保险人以外的受害人的人身伤亡、财产损失，在责任限额内予以赔偿的强制性责任保险。

举一反三

　　在多车连续碰撞的交通事故中，同一车辆的交强险能否多次使用应结合整个事故的全过程来分析，即多车连续碰撞的事故是作为一次整体性的事故来处理还是分为数个单独的事故而分别定责。如果多车连续碰撞中各次碰撞之间的时间间隔较长，足以让事故各方有充分的时间对现场情况作出应对，如设置警示标志等，但前次碰撞事故的当事人没有采取相应措施导致后续碰撞事故发生的，一般会被认定为多次独立的事故，同一车辆的交强险可多次使用。倘若多车连续碰撞事故几乎是瞬间发生，难以区分各次碰撞之间的独立性和责任界限，则更倾向于将其认定为一次事故来处理，同一车辆的交强险只能在一次事故的责任限额内进行赔偿。

47 机动车所有权在交强险合同有效期内发生变动，当事人未办理保险变更手续，保险公司可以免除赔偿责任吗？

遇事

2022年9月16日16时许，黄某驾驶重型自卸货车行驶至某路口时，与过马路的行人胡某1、胡某2发生碰撞，造成胡某1死亡、胡某2受伤的道路交通事故。经查，黄某驾驶的重型自卸货车系黄某与孔某合伙购买，该车辆先挂靠于武汉某建材有限公司，后挂靠在某达公司；在挂靠武汉某建材有限公司期间投保了交强险及商业三者险，被保险人为武汉某建材公司；在其变更挂靠公司后，未办理保险变更。保险公司武汉分公司辩称，承保车辆由被告黄某无证驾驶且被保险人未变更，其不应承担保险赔偿责任。本案中，保险公司武汉分公司的主张能否得到法院支持？

说法

本案中，保险公司武汉分公司以《中国保险行业协会机动车商业保险示范条款》第23条"下列原因导致的人身伤亡、财产损失和费用，保险人不负责赔偿：（三）被保险机动车被转让、改装、加装或改变使用性质等，导致被保险机动车危险程度显著增加，且未及时通知保险人，因危险程度显著增加而发生保险事故的"规定，主张免除赔偿责任。

但法院经审理后认为，根据《最高人民法院关于审理道路交通事故损害赔偿案件适用法律若干问题的解释》第20条第1款规定："机动车所有权在交强险合同有效期内发生变动，保险公司在交通事故发生后，以该机动车未办理交强险合同变更手续为由主张免除赔偿责任的，人民法院不予支持。"本案中，保险公司武汉分公司的主张不符合法律规定，不予支持。

找法

《最高人民法院关于审理道路交通事故损害赔偿案件适用法律若干问题的解释》

第二十条第一款 机动车所有权在交强险合同有效期内发生变动，保险公司在交通事故发生后，以该机动车未办理交强险合同变更手续为由主张免除赔偿责任的，人民法院不予支持。

举一反三

> 交强险具有强制性和公益性，其针对的是机动车本身，并非机动车所有权人。机动车所有权在交强险合同有效期内发生变动，保险公司在交通事故发生后，不能以该机动车未办理交强险合同变更手续为由主张免除赔偿责任。不仅在标的物处于变更挂靠单位时，保险公司不能以未办理变更手续为由主张免除赔偿责任，在物权变动期间亦不能以此为由主张免除赔偿责任。

48 保险公司能否以已向被保险人理赔为由对抗受害人交强险赔偿请求权？

遇事

2022年9月25日10时24分许，彭某海驾驶重型自卸货车由北向南行驶至某路段时，与由南向北原告驾驶的重型自卸货车发生碰撞，造成彭某海受伤、两车不同程度受损的交通事故。经交警部门认定，彭某海负事故的全部责任，原告无责任。庭审时，保险公司提供了一份机动车保险赔款计算书，称已经将交强险财产损失以及医疗费支付给了被保险人，故应免除其对原告的赔偿义务。原告认为保险公司应当向其履行交强险规定的赔偿义务。那么保险公司能否以已向被保险人理赔为由对抗受害人赔偿请求权？

说法

交强险设立的基本价值取向是保护交通事故受害人的合法权益。保险人对受害人负有在交强险责任限额内承担保险赔偿责任的法定义务，故其已向被保险人理赔不构成对抗受害人交强险赔偿请求的合法理由。本案中，保险公司主张已经将交强险财产损失以及医疗费支付给被保险人不能对抗受害人交强险赔偿请求权。故法院支持原告的诉讼请求，判决保险公司依法在保险责任范围内承担赔付责任。

找法

《中华人民共和国道路交通安全法》

第七十六条 机动车发生交通事故造成人身伤亡、财产损失的，由保险公司在机动车第三者责任强制保险责任限额范围内予以赔偿；不足的部分，

三、交通事故中的保险问题

按照下列规定承担赔偿责任：

（一）机动车之间发生交通事故的，由有过错的一方承担赔偿责任；双方都有过错的，按照各自过错的比例分担责任。

（二）机动车与非机动车驾驶人、行人之间发生交通事故，非机动车驾驶人、行人没有过错的，由机动车一方承担赔偿责任；有证据证明非机动车驾驶人、行人有过错的，根据过错程度适当减轻机动车一方的赔偿责任；机动车一方没有过错的，承担不超过百分之十的赔偿责任。

交通事故的损失是由非机动车驾驶人、行人故意碰撞机动车造成的，机动车一方不承担赔偿责任。

《中华人民共和国保险法》

第六十五条 保险人对责任保险的被保险人给第三者造成的损害，可以依照法律的规定或者合同的约定，直接向该第三者赔偿保险金。

责任保险的被保险人给第三者造成损害，被保险人对第三者应负的赔偿责任确定的，根据被保险人的请求，保险人应当直接向该第三者赔偿保险金。被保险人怠于请求的，第三者有权就其应获赔偿部分直接向保险人请求赔偿保险金。

责任保险的被保险人给第三者造成损害，被保险人未向该第三者赔偿的，保险人不得向被保险人赔偿保险金。

责任保险是指以被保险人对第三者依法应负的赔偿责任为保险标的的保险。

《最高人民法院关于适用〈中华人民共和国保险法〉若干问题的解释（四）》

第二十条 责任保险的保险人在被保险人向第三者赔偿之前向被保险人赔偿保险金，第三者依照保险法第六十五条第二款的规定行使保险金请求权时，保险人以其已向被保险人赔偿为由拒绝赔偿保险金的，人民法院不予支持。保险人向第三者赔偿后，请求被保险人返还相应保险金的，人民法院应予支持。

举一反三

保险公司与人们生产生活的联系日益密切，在大部分情况下，人们都会给车辆向保险公司购买保险，从而规避自己未来的风险。对于保险公司能向被保险人理赔为由对抗受害人交强险赔偿请求权的问题，根据《最高人民法院关于适用〈中华人民共和国保险法〉若干问题的解释（四）》第20条规定："责任保险的保险人在被保险人向第三者赔偿之前向被保险人赔偿保险金，第三者依照保险法第六十五条第二款的规定行使保险金请求权时，保险人以其已向被保险人赔偿为由拒绝赔偿保险金的，人民法院不予支持。保险人向第三者赔偿后，请求被保险人返还相应保险金的，人民法院应予支持。"责任保险的被保险人给第三者造成损害，被保险人对第三者应负的赔偿责任确定的，根据被保险人的请求，保险人应当直接向该第三者赔偿保险金。因此，保险人应当对受害人的交强险赔偿请求承担义务。

三、交通事故中的保险问题

49 机动车在道路外发生交通事故，交强险是否应当予以赔偿？

遇事

2019年8月20日，李某驾驶车辆在农村晾晒场装运农作物时，不慎将刘某撞伤，造成刘某各项损失20余万元。李某为其车辆在某保险公司投保了商业三者险和交强险。刘某将李某及其投保的保险公司诉至法院，要求两方赔偿其各项损失。本案被告某保险公司对保险合同没有异议，但认为此次事故发生在农村晾晒场内，不属于《中华人民共和国道路交通安全法》中的"道路"，其不应当承担保险赔偿义务。对于道路上发生的交通事故适用《中华人民共和国道路交通安全法》，各方并无异议，那么对于发生在非道路上的事故是否还属于交通事故呢？交强险是否应赔偿呢？

说法

本案的争议焦点在于事故发生地（农村晾晒场）是否属于"道路"及该种情形保险公司是否承担保险责任。法律和相关司法解释对于在道路以外通行时发生的事故作出了明确规定，对于机动车在道路以外地方通行发生事故引发损害赔偿的案件，应参照交通事故损害赔偿案件处理。事故发生在晾晒作物的场院内，属于车辆在道路以外通行时发生的事故，故应参照交通事故损害赔偿案件处理。依据相关法律规定，承保交强险的保险公司在责任限额范围内予以赔偿刘某的各项损失。

找法

《中华人民共和国道路交通安全法》

第七十七条　车辆在道路以外通行时发生的事故，公安机关交通管理部门接到报案的，参照本法有关规定办理。

《最高人民法院关于审理道路交通事故损害赔偿案件适用法律若干问题的解释》

第二十五条　机动车在道路以外的地方通行时引发的损害赔偿案件，可以参照适用本解释的规定。

举一反三

　　严格而言，道路以外发生的机动车事故并不属于交通事故，但是考虑到交强险的保障性和公益性，将道路以外的机动车事故纳入交强险的赔偿范围之内，更有利于保障受害人的权益。《机动车交通事故责任强制保险条例》第43条规定："机动车在道路以外的地方通行时发生事故，造成人身伤亡、财产损失的赔偿，比照适用本条例。"由此可见，对于机动车在道路以外的地方通行时发生事故，可以比照交通事故损害赔偿机制，纳入交强险的赔偿范围。

三、交通事故中的保险问题

50 因投保人肇事逃逸造成的损失，保险公司对此是否免除赔偿责任？

遇事

2020年5月20日，任某驾驶小轿车沿某路由东往西行驶，行驶至某县路段，在超越前方车辆过程中，由于超速、占道行驶，与由西往东行驶的张某驾驶的普通二轮摩托车发生碰撞，造成张某当场死亡，两车损坏的交通事故。经交警大队认定，任某驾驶机动车未实行右侧通行且存在超速、逃逸等违法行为，应负该事故全部责任。后任某因犯交通肇事罪，被依法追究刑事责任。

```
                发生交通事故
                    ↓
                张某（死亡）
任某（肇事逃逸）          能否主张保险人赔偿
                保险公司
```

本案中，因投保人肇事逃逸造成的损失，是否应免除保险公司的赔偿责任？

说法

对于是否免除的问题，一般需看保险公司与投保人的保险合同中是否对其进行约定，以及保险合同中有关肇事逃逸免赔的免责条款是否已经生效。若保险公司在保险合同中对该免责条款作了明确约定且对投保人作了明确提示，有证据证明投保人对于该免责条款明确且知悉，则对于投保人逃逸免赔的条款生效，此种情况下，保险公司可免除赔偿责任。本案中，任某在交通事故发生后弃车逃逸的行为，违反了《中华人民共和国道路交通安全法》第70条规定，系法律所禁止的行为，且保险公司未举证证明其履行了提示义务，因此应承担赔付责任。

🔍 找法

《中华人民共和国保险法》

第十七条 订立保险合同，采用保险人提供的格式条款的，保险人向投保人提供的投保单应当附格式条款，保险人应当向投保人说明合同的内容。

对保险合同中免除保险人责任的条款，保险人在订立合同时应当在投保单、保险单或者其他保险凭证上作出足以引起投保人注意的提示，并对该条款的内容以书面或者口头形式向投保人作出明确说明；未作提示或者明确说明的，该条款不产生效力。

《最高人民法院关于适用〈中华人民共和国保险法〉若干问题的解释（二）》

第十条 保险人将法律、行政法规中的禁止性规定情形作为保险合同免责条款的免责事由，保险人对该条款作出提示后，投保人、被保险人或者受益人以保险人未履行明确说明义务为由主张该条款不成为合同内容的，人民法院不予支持。

第十一条 保险合同订立时，保险人在投保单或者保险单等其他保险凭证上，对保险合同中免除保险人责任的条款，以足以引起投保人注意的文字、字体、符号或者其他明显标志作出提示的，人民法院应当认定其履行了保险法第十七条第二款规定的提示义务。

保险人对保险合同中有关免除保险人责任条款的概念、内容及其法律后果以书面或者口头形式向投保人作出常人能够理解的解释说明的，人民法院应当认定保险人履行了保险法第十七条第二款规定的明确说明义务。

三、交通事故中的保险问题

举一反三

实践中,保险公司若已在投保单或者保险单等其他保险凭证上对相关免责条款以足以引起投保人注意的文字、字体、符号或者其他明显标志作出提示,且投保人亦在相应的投保单、投保声明上签名,则法院一般会认定保险人已向投保人履行了对免责条款进行提示的义务,该免责条款已经生效。

四

交通事故中的其他法律问题

四、交通事故中的其他法律问题

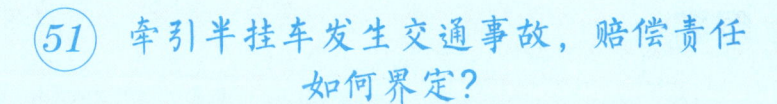

51 牵引半挂车发生交通事故，赔偿责任如何界定？

遇事

2022年7月6日，张某驾驶重型半挂牵引车牵引重型低平板半挂车由某厂门口左转弯时，与梁某驾驶的普通货车相撞，造成梁某受伤、两车受损的交通事故。交警大队出具事故责任认定书，认定张某负主要责任，梁某负次要责任。经鉴定，梁某的伤情已构成九级伤残。后因相关赔偿事宜协商未果，梁某将张某、张某驾驶车辆所属的公司、保险公司以及某贸易公司诉至法院，要求赔偿其各项损失。在审理中查明，被告张某驾驶的车辆为重型半挂牵引车和挂车，牵引车行驶证载明的所有人已注销，挂车行驶证载明的所有人为某某泰物流；另牵引车在被告保险公司投保了交强险和商业三者险，但挂车的投保情况无法查明。本案中，梁某主张的赔偿责任应当如何划分？

说法

机动车发生交通事故造成人身伤亡、财产损失的，由保险公司在交强险责任限额范围内予以补偿。不足部分，机动车之间发生交通事故的，由有过错的一方承担赔偿责任，双方都有过错的，按照各自过错的比例分担责任。本案的争议焦点为张某驾驶的半挂牵引车与挂车的所有权并非属于同一权利人，赔偿责任应当如何划分。法官认为：被告张某所驾驶的肇事车辆在发生交通事故时的状态为主车牵引挂车，车辆在行驶过程中发生交通事故是主车牵引动力以及主车和挂车共同的惯性共同作用的结果，二者应视为一个整体。故虽无法查明挂车的投保情况，但并不影响和免除主车的保险人即本案被告保险公司在主车保险范围内承担赔偿责任。最终，判决被告张某承担70%的责任，保险公司在责任保险限额范围内对原告梁某进行赔偿，不足的部分，由张某承担。

129

找法

《机动车交通事故责任强制保险条例》

第四十二条　挂车不投保机动车交通事故责任强制保险。发生道路交通事故造成人身伤亡、财产损失的，由牵引车投保的保险公司在机动车交通事故责任强制保险责任限额范围内予以赔偿；不足的部分，由牵引车方和挂车方依照法律规定承担赔偿责任。

《最高人民法院关于审理道路交通事故损害赔偿案件适用法律若干问题的解释》

第十八条第二款　依法分别投保交强险的牵引车和挂车连接使用时发生交通事故造成第三人损害，当事人请求由各保险公司在各自的责任限额范围内平均赔偿的，人民法院应予支持。

《中国保险行业协会机动车商业保险示范条款》

第二十六条　主车和挂车连接使用时视为一体，发生保险事故时，由主车保险人和挂车保险人按照保险单上载明的机动车第三者责任保险责任限额的比例，在各自的责任限额内承担赔偿责任。

举一反三

本案中所涉及的情形为主车牵引车有承保的保险公司，挂车未查出保险公司，故由牵引车承保的保险公司在保额范围内承担保险责任，但实践中亦有牵引车与挂车都有承保保险公司的情形，在这种情况下，当事人如请求由牵引车与挂车的承保保险公司在各自的责任限额范围内平均赔偿的，人民法院应予支持，即赔付的限额为两份交强险责任限额

四、交通事故中的其他法律问题

之和。现实生活中,主车、挂车分属不同主体所有的情况非常普遍,发生交通事故后,牵引车车主承担全部责任后,还可以向挂车车主追偿。故建议挂车车主,特别是经营挂车租赁的公司,最好也给挂车购买保险。

52 司机在履行工作中发生交通事故造成用人单位损失的，该损失由谁承担？

遇事

2022年11月24日，公交司机朱某某驾驶公交公司的大型普通客车沿某路由南向北行驶时，将贾某某撞倒。一审法院判决保险公司在交强险范围内予以赔偿，公交公司承担剩余责任。公交公司对此不服，遂上诉至二审法院。本案中，朱某某在履行工作中发生交通事故造成用人单位损失的，该损失应由谁承担？

说法

本案应当由公交公司对不足部分承担赔偿责任。公司司机在行驶中发生交通事故致人身与车辆损伤的具体赔偿方式，目前在《中华人民共和国劳动法》《中华人民共和国劳动合同法》中都没有明确的规定，但根据《中华人民共和国民法典》第1191条规定，用人单位的工作人员因执行工作任务造成他人损害的，由用人单位承担侵权责任。用人单位承担侵权责任后，可以向有故意或者重大过失的工作人员追偿。因此，若劳动者因履行职务行为而发生交通事故，且并无主观上的故意，其法律后果应由用人单位承担。本案中，朱某某驾驶机动车的行为属于职务行为，虽然需承担主要的事故责任，但其主观上并非故意，因此无须赔偿。

找法

《中华人民共和国民法典》

第一千一百九十一条 用人单位的工作人员因执行工作任务造成他人损

害的，由用人单位承担侵权责任。用人单位承担侵权责任后，可以向有故意或者重大过失的工作人员追偿。

劳务派遣期间，被派遣的工作人员因执行工作任务造成他人损害的，由接受劳务派遣的用工单位承担侵权责任；劳务派遣单位有过错的，承担相应的责任。

《工资支付暂行规定》

第十六条 因劳动者本人原因给用人单位造成经济损失的，用人单位可按照劳动合同的约定要求其赔偿经济损失。经济损失的赔偿，可从劳动者本人的工资中扣除。但每月扣除的部分不得超过劳动者当月工资的20%。若扣除后的剩余工资部分低于当地月最低工资标准，则按最低工资标准支付。

举一反三

劳动者在劳动过程中因过错给用人单位造成损失属于企业经营风险的一部分，不得把属于用人单位应承担的经营风险扩大到由劳动者承担，除非劳动者存在故意或重大过失的情形。故企业应当加强内部培训，提高劳动者业务水平；劳动者在劳动过程应遵守相关制度要求。

53 交通事故导致"特殊体质"人员的死亡，保险公司是否可以主张减免责任？

遇事

2022年3月15日，陈某驾驶小型轿车沿道路行驶时，与邱某驾驶的车辆发生碰撞，造成邱某死亡、秦某受伤、车辆受损的交通事故。交警大队调查后认定，陈某负事故全部责任。经鉴定，邱某系车祸外伤诱发哮喘持续发作致急性呼吸衰竭死亡，外伤与死亡存在因果关系，其关系为同等原因。为此，邱某亲属因赔偿事宜向人民法院提起诉讼。保险公司答辩称，交通事故不是造成邱某死亡的唯一原因，应当减免其赔偿责任。本案中，交通事故导致作为"特殊体质"人员的邱某死亡，保险公司是否可以主张减免责任？

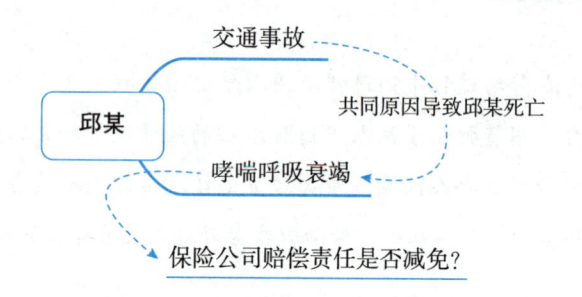

```
                交通事故
                   ↓
    邱某 ———— 共同原因导致邱某死亡
                   ↑
                哮喘呼吸衰竭
                   ↓
            保险公司赔偿责任是否减免？
```

说法

实践中，交通事故导致"特殊体质"人员伤亡的，保险公司以此为由要求减免责任的，法院一般不予支持。本案的争议焦点为邱某患有严重哮喘的"特殊体质"是否符合"被侵权人对损害的发生也有过错的"情形，构成过错相抵？判断是否具有过错，应从行为人主观状态和客观行为两个角度综合考虑。受害人的疾病或特殊体质与民法典上的过错不是一个概念，两者不能等同。本案中的邱某对损害结果的发生既不存在故意也不存在过失，其特殊体质本身并不是一种行为，其不应因此受到非难，不应认定其存在过错。因此，受害人邱某对损害的发生或者扩大没有过错，故并不存在减轻或者免除侵权人赔偿责任的法定情形。

找法

《中华人民共和国民法典》

第一千一百七十三条　被侵权人对同一损害的发生或者扩大有过错的，可以减轻侵权人的责任。

第一千二百零八条　机动车发生交通事故造成损害的，依照道路交通安全法律和本法的有关规定承担赔偿责任。

举一反三

机动车责任事故中，被侵权人自身可能存在人体功能退化、体质下降、骨质疏松、抵抗力下降或旧疾、缺陷等情形，但被侵权人的自然老化、是否患病、患何种疾病以及患病程度等均不是减轻侵权人责任的法定情形。但需要注意的是，如果医疗费中有属于治疗受害人原有疾病且该治疗与交通事故并无直接因果关系的，根据公平原则，则应由受害人和保险公司按照事故造成损害后果的"参与度"比例进行分担。

54 被保险机动车辆中的"车上人员"能否转化为机动车交强险及商业三者险中的"第三者"？

遇事

2021年9月6日，姜某驾驶货车送货时，货车突然发生逆时针偏转，与随后驶来的车辆相撞。两车相撞后，姜某被抛出车外，后被货车车轮碾压，致使姜某当场死亡。事故发生后，交警大队出具事故认定书，认定姜某负事故的全部责任。但本车承保的保险公司以姜某不是交强险及商业三者险中的"第三者"为由拒绝赔偿。

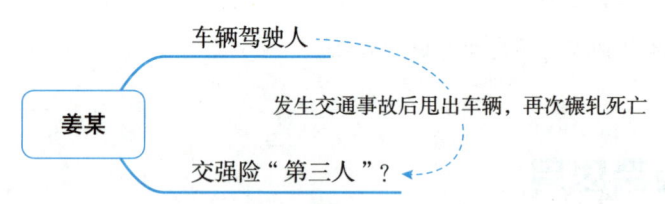

姜某 —— 车辆驾驶人
发生交通事故后甩出车辆，再次辗轧死亡
交强险"第三人"？

姜某家人无奈之下将保险公司告上法庭，但遗憾的是一审法院支持了保险公司的抗辩理由，二审法院结合案件事实、司法判例、省高院指导意见以及立法精神，依法改判，认定了本案中"第三者"身份的转化，由承保交强险及商业三者险的保险公司赔偿损失。

说法

本案的关键在于姜某的身份在其被甩下车后是否由驾驶员转化为"第三者"，进而成为所投保车辆发生交通事故的受害人。通常来说，车上人员与第三者是很容易区分的，交通事故发生时位于机动车内的人员是车上人员，位于机动车外的人员则属于第三者，适用不同的保险予以保障。当被保险车辆发生交通事故时，车上人员往往因各种原因脱离被保险车辆，对于此种脱离被保险车辆的车上人员，其身份究竟是"车上人员"还是"第三者"，争议较大。《最高人民法院公报》（2008年第7期）发布了"郑克宝诉徐伟良、中国人民财产保险股份有限公司长兴支公司道路交通事故人身损害赔偿纠纷案"，该案例指出，"判断因保险车辆发生意外事故而受害的人属于'第三者'还是属于'车上人员'，必须以该人在事故发生当时这一特定的时间是否身处保险车辆之上为依据，在车上即为'车上人员'，在车下即为'第三者'"。

就本案而言，姜某已完全脱离车体落地，他的死亡源于其被甩下车后遭受行驶中的被保险车辆的辗轧，因此姜某身份已转化为"第三者"。

找法

《机动车交通事故责任强制保险条例》

第二十一条 被保险机动车发生道路交通事故造成本车人员、被保险人以外的受害人人身伤亡、财产损失的，由保险公司依法在机动车交通事故责任强制保险责任限额范围内予以赔偿。

道路交通事故的损失是由受害人故意造成的，保险公司不予赔偿。

《最高人民法院关于审理道路交通事故损害赔偿案件适用法律若干问题的解释》

第十四条 投保人允许的驾驶人驾驶机动车致使投保人遭受损害，当事人请求承保交强险的保险公司在责任限额范围内予以赔偿的，人民法院应予支持，但投保人为本车上人员的除外。

举一反三

实践中，对于驾驶人下车对车辆进行故障检查时发生的交通事故，由于驾驶人此时并不在车上，因此不属于车辆驾驶人，而是保险车辆外的第三人，对其造成人身财产损害的，其身份在特定的时间、特定的条件下发生了转变，即变为事故中的受害人，被保险车辆的受害人。对此，保险公司应在交强险责任限额范围内予以赔偿。

55 在一起交通事故中，受害人能否基于不同的法律关系分别提起诉讼要求相对人赔偿？

遇事

2021年12月10日，李某与汽车贸易公司签订《汽车租赁合同》，约定汽车贸易公司将某车租赁给李某使用。租赁期间，李某驾驶该车发生单方交通事故，致车辆严重受损。据投保公司调查，李某系酒后驾驶车辆发生交通事故。因此，保险公司拒绝理赔。汽车贸易公司多次找李某协商，虽然李某认可驾驶该车发生交通事故，造成车辆严重受损，但迟迟不履行其应承担的义务。汽车贸易公司遂将李某诉至人民法院。本案中，汽车贸易公司能否基于不同的法律关系分别提起诉讼要求李某赔偿？

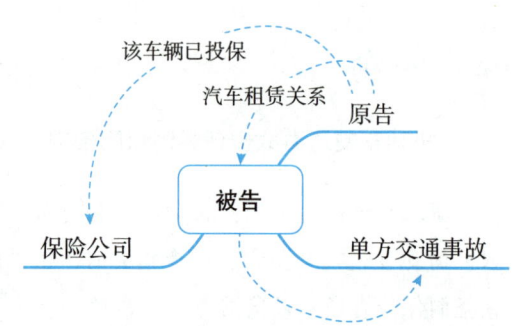

说法

本案中，存在两种法律关系：一是汽车贸易公司与李某因汽车租赁形成的汽车租赁合同关系，属于车辆租赁合同纠纷，可以就该纠纷提起诉讼；二是李某因醉驾造成交通事故致该车辆严重损坏，属机动车交通事故责任纠纷，可以就该纠纷提起诉讼。因此，汽车贸易公司与李某之间所涉及的两种不同法律关系，属于两个独立的法律主体，可以分别起诉，主张自己的权益。

四、交通事故中的其他法律问题

🔍 找法

《最高人民法院关于适用〈中华人民共和国民事诉讼法〉的解释》

第二百四十七条 当事人就已经提起诉讼的事项在诉讼过程中或者裁判生效后再次起诉,同时符合下列条件的,构成重复起诉:

(一)后诉与前诉的当事人相同;

(二)后诉与前诉的诉讼标的相同;

(三)后诉与前诉的诉讼请求相同,或者后诉的诉讼请求实质上否定前诉裁判结果。

当事人重复起诉的,裁定不予受理;已经受理的,裁定驳回起诉,但法律、司法解释另有规定的除外。

举一反三

在实际的机动车交通事故中,可能会存在侵权关系和其他法律关系并存的一种情况,对于受害人是否可以基于不同的法律关系分别提起诉讼要求相对人赔偿的问题要进行综合分析。一般情况下,常伴随侵权关系的其他法律关系,如租赁合同关系、买卖合同关系、运输合同关系等,根据《最高人民法院关于适用〈中华人民共和国民事诉讼法〉的解释》的规定,当发生争议时,当事人基于不同法律关系所提出的法律主张,排除重复起诉的可能性后,人民法院应当予以受理。

56 交通事故中，达到法定退休年龄的受害人主张误工费是否能被支持？

遇事

2023年11月17日，王某驾驶小型客车沿道路行驶时，与行人张某发生碰撞，致张某受伤。张某就此诉至法院，主张包括误工费在内的各项赔偿项目。另查明，张某受伤时已年满63周岁。诉讼中，保险公司认为张某在本案交通事故发生时已年满63周岁，达到国家法定退休年龄，其误工费主张依法不应当予以支持。本案中，达到法定退休年龄的张某主张误工费是否能被支持？

说法

是否支持误工费的前提是受害人是否具有劳动能力、有无收入来源及是否因受伤导致收入减少，而与是否达到法定退休年龄没有必然联系。对于本案，省高院再审时认为，张某虽已超过法定退休年龄，但其已经提供相应证据证明其有工资收入的事实，故对其误工费主张予以支持。

找法

《中华人民共和国民法典》

第一千一百七十九条 侵害他人造成人身损害的，应当赔偿医疗费、护理费、交通费、营养费、住院伙食补助费等为治疗和康复支出的合理费用，以及因误工减少的收入。造成残疾的,还应当赔偿辅助器具费和残疾赔偿金;造成死亡的,还应当赔偿丧葬费和死亡赔偿金。

《最高人民法院关于审理人身损害赔偿案件适用法律若干问题的解释》

第七条 误工费根据受害人的误工时间和收入状况确定。

误工时间根据受害人接受治疗的医疗机构出具的证明确定。受害人因伤致残持续误工的,误工时间可以计算至定残日前一天。

受害人有固定收入的,误工费按照实际减少的收入计算。受害人无固定收入的,按照其最近三年的平均收入计算;受害人不能举证证明其最近三年的平均收入状况的,可以参照受诉法院所在地相同或者相近行业上一年度职工的平均工资计算。

举一反三

误工不误工,事实证据说了算。误工费是根据受害人的误工时间和收入状况确定,而不是以是否超过法定退休年龄作为判断标准。劳动者达到法定退休年龄并不代表实际丧失劳动能力,更不意味着丧失劳动权利。因此,误工费赔偿的认定不应受到年龄的限制,而应从实际遭受的损失角度来考虑。受害人虽然达到法定退休年龄,但能够证明其实际参加劳动获取合法报酬,并因事故导致误工的,相应的误工费损失应予支持,以维护老年人的合法权益,保护老年人参与社会生产的积极性。

遇事找法 交通事故纠纷一站式法律指引

57 无劳动能力人在交通事故发生前一直未参加工作，现因交通事故致残，侵权人是否应赔偿残疾赔偿金？

遇事

2023年3月6日17时许，赵某驾驶小型轿车沿某路由北向南行驶时，与由南向北步行的牛某相撞，造成牛某受伤的交通事故。交警大队调查后认定，赵某承担全部责任，牛某不承担责任。事故发生后，牛某被送往某县人民医院住院治疗，花去医疗费1729.66元，由被告赵某支付。原告牛某由于伤势过重，于事故次日转至某省人民医院住院治疗，花去医疗费26954.10元，其中被告赵某支付10000元。某法医司法鉴定所出具的司法鉴定意见书认为：1.被鉴定人牛某的伤残等级属九级；2.被鉴定人牛某的误工期为270日左右，护理期为120日左右，营养期为150日左右；3.被鉴定人牛某的后续治疗费约需人民币8000元。牛某就赔偿事宜将赵某及其投保的保险公司诉至法院，但保险公司认为，牛某为无劳动能力人，且在交通事故发生前一直未参加工作，故不应赔付其残疾赔偿金。本案中，原告为无劳动能力人员是否可以取得残疾赔偿金？

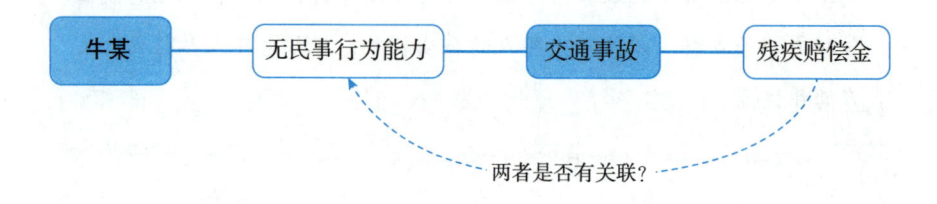

牛某 —— 无民事行为能力 —— 交通事故 —— 残疾赔偿金

两者是否有关联？

说法

对于无劳动能力人在交通事故发生前一直未参加工作，现因交通事故致

142

残，侵权人是否应赔偿残疾赔偿金的问题。法院认为，受害人因交通事故而受伤，其已经遭受了严重的肢体痛苦，且人的生命价值并无本质上的区别。《中华人民共和国民法典》第1179条对残疾赔偿金的赔偿并没有规定例外的情形。因此，残疾赔偿金的计算与受害人在交通事故前是否具有劳动能力并无必然联系，如受害人因交通事故受伤构成伤残的，对残疾赔偿金仍应予以支持，故判决保险公司赔付原告残疾赔偿金。

找法

《中华人民共和国民法典》

第一千一百七十九条 侵害他人造成人身损害的，应当赔偿医疗费、护理费、交通费、营养费、住院伙食补助费等为治疗和康复支出的合理费用，以及因误工减少的收入。造成残疾的，还应当赔偿辅助器具费和残疾赔偿金；造成死亡的，还应当赔偿丧葬费和死亡赔偿金。

举一反三

不仅是残疾赔偿金，医疗费、住院伙食补助费、营养费、后续治疗费、护理费、误工费、交通费、精神损害抚慰金、残疾辅助器具费等与受害人是否在发生交通事故前具有劳动能力均无关。不论有无劳动能力，是否为退休人员，均享有上述赔偿类别。保险公司不应当以受害人无劳动能力，发生交通事故前无工资收入为由而拒绝赔偿上述相关费用。

58 一次交通事故有两次伤残鉴定，受害人的误工费应计算至哪一次定残日前一天？

遇事

2020年5月31日6时28分，明某驾驶无号牌正三轮载着万某某沿某大道由西向东行驶至某路口时，遇高某某驾驶的小型轿车沿某路由南向北行驶，两车发生碰撞，造成明某、万某某受伤，两车受损的道路交通事故。交警大队出具的道路交通事故认定书认定，明某、高某某负此次事故同等责任，万某某不负责任。事故发生后，原告明某委托甲鉴定机构对伤残等级进行鉴定，但保险公司对鉴定意见有较大异议，于2021年4月2日申请重新鉴定。乙鉴定机构受县人民法院委托进行重新鉴定，并于2021年5月24日作出司法鉴定意见书，证实明某的损伤综合评定为9级伤残，赔偿系数为0.22。本案中，原告一次交通事故进行两次鉴定，明某误工费应计算至哪一次定残日前一天？

说法

《最高人民法院关于审理人身损害赔偿案件适用法律若干问题的解释》第7条第2款规定，受害人因伤致残持续误工的，误工时间可以计算至定残日前一天。本案中，关于误工期，法院认定计算至以双方最终认可的鉴定意见书确定的定残日前一日，即2021年5月23日。

找法

《最高人民法院关于审理人身损害赔偿案件适用法律若干问题的解释》

第七条第二款 误工时间根据受害人接受治疗的医疗机构出具的证明确

四、交通事故中的其他法律问题

定。受害人因伤致残持续误工的，误工时间可以计算至定残日前一天。

举一反三

在实际生活中，保险公司或被告存在不认可受害人的伤残鉴定意见的情形，可能需要进行二次鉴定，对于受害人的误工期，前后经过两次伤残鉴定，受害人的误工费应计算至哪一次定残日前一天。根据相关法律规定，受害人因伤残持续误工的，误工时间可以计算至定残日前一天，对于此问题，定残日是指被法院确认有法律效力的伤残鉴定意见作出之日。

59 轻便二轮摩托车等不符合通行条件的机动车驶入高速公路发生交通事故致伤亡，高速公路管理人是否承担赔偿责任？

遇事

2022年9月2日，黄某驾驶轻便二轮摩托车在某某高速公路逆向行驶时，与行驶在同车道由许某驾驶的轻型厢式货车发生碰撞，造成黄某当场死亡及两车损坏的交通事故。2022年10月11日出具的交通事故认定书认定，黄某负事故主要责任，许某负事故次要责任。另查明，许某驾驶的轻型厢式货车在某保险公司福建分公司投有交强险和商业三者险，本事故发生在保险期限内。后黄某的近亲属吴某等四人向许某、保险公司以及高速公路经营者提起机动车交通事故责任诉讼。吴某认为本案除由许某、许某车辆投保的保险公司赔偿外，某某高速公路经营者即某福公司在黄某驾驶轻便二轮摩托车驶入收费站闸口时未制止或放任黄某通过闸口驶上高速公路，违反了《中华人民共和国道路交通安全法》的规定，没有尽到高速公路管理者义务，对交通事故的发生存在过错，应当承担相应的赔偿责任。那么，原告要求高速公路管理人承担赔偿责任是否能得到法院支持？

说法

本案的争议焦点为某福公司作为高速公路的运营者，对于不符合通行条件的机动车驶入高速公路发生的交通事故是否应承担赔偿责任？在本案庭审中，某福公司已经提供了已在高速公路入口处明显位置设置有禁止行人和非机动车上高速公路的警示标识，并在高速公路入口处设有道闸，采取了禁止行人和不符合通行条件的机动车上路的安全措施的相应证据，再审法院认为，首先，某福公司已履行了自己的法定职责和管理义务；其次，行人、非机动车、拖拉机、轮式专用机械车、铰接式客车、全挂拖斗车以及其他设计最高时速低于70公里的机动车，不得进入高速公路，这是法律明确禁止之事项，应当推定公民明知，黄某驶入高速公路违反上述规定，其主观上当属明知违法；再次，如果要求管理人对每一个道闸均采取人工值守，显然损害了管理人的经营自主权，扩大了管理人义务；最后，高速公路区域属高度危险区域，死者黄某作为完全民事行为能力人，根据《中华人民共和国民法典》关于高度危险责任的相关规定，某福公司已经采取足够安全措施并尽到充分警示义务且法院判决对于公民行为具有一定的引导、规范作用，如果行为人对其行为不负有代价或代价较小，必然会增加该类行为发生的概率。故法院认为某福公司作为管理人，履行了管理义务，最终判决某福公司不承担赔偿责任。

找法

《中华人民共和国道路交通安全法》

第六十七条 行人、非机动车、拖拉机、轮式专用机械车、铰接式客车、全挂拖斗车以及其他设计最高时速低于七十公里的机动车，不得进入高速公路。高速公路限速标志标明的最高时速不得超过一百二十公里。

《中华人民共和国民法典》

第一千二百四十三条 未经许可进入高度危险活动区域或者高度危险物存放区域受到损害，管理人能够证明已经采取足够安全措施并尽到充分警示义务的，可以减轻或者不承担责任。

> **举一反三**
>
> 在司法实践中，被侵权人一般会将发生侵权行为地管理者列为共同被告，要求承担未尽管理义务的责任。但在机动车交通事故中，对于不符合高速公路驶入条件的行人或不满足通行条件的机动车来讲，因其本身违法主观明知以及高速公路属于高度危险区域，需考量行为人进入高度危险区域的方式是以正常方式进入还是以非正常方式进入，以及进入时间段等来综合判断管理人是否已尽安全防范措施义务。如高速公路管理人能够证明其尽到了充分的警示、提醒以及注意义务，则应减轻或免除管理人的责任。

四、交通事故中的其他法律问题

60 小客车驾驶人违章停车，乘车人开车门致第三人损伤时赔偿责任应如何确定？

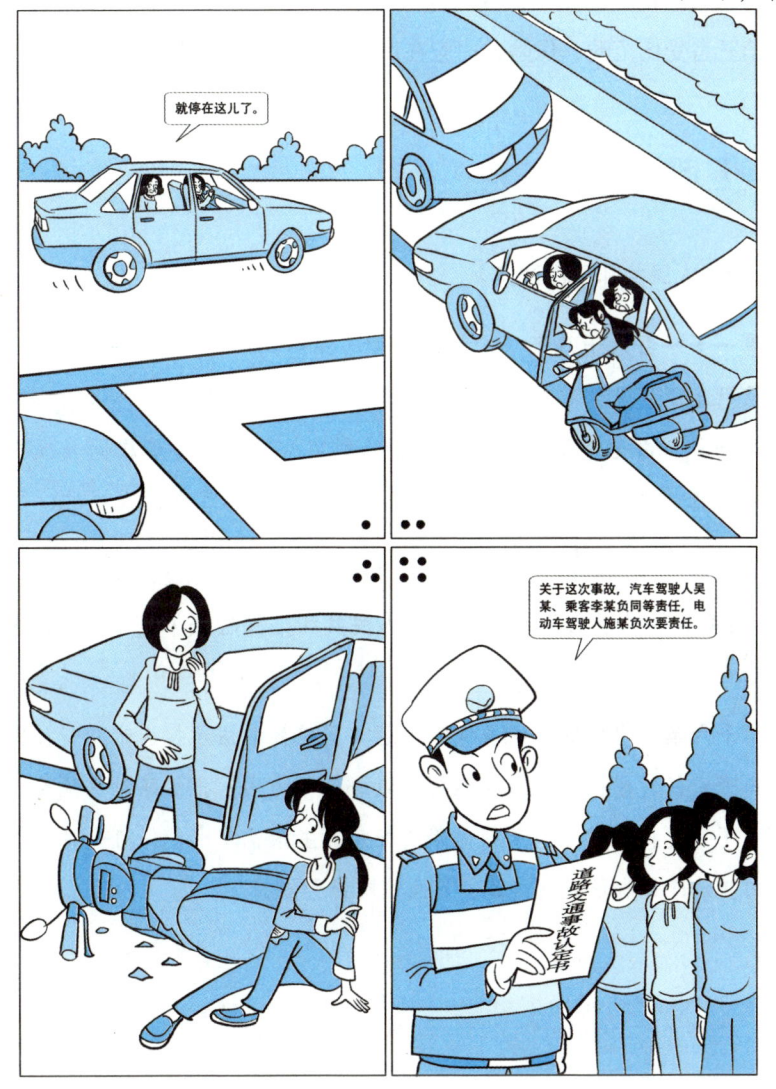

遇事

扫一扫，听案情

就停在这儿了。

关于这次事故，汽车驾驶人吴某、乘客李某负同等责任，电动车驾驶人施某负次要责任。

道路交通事故认定书

149

说法

小客车驾驶人违章停车，乘车人开车门致第三人损伤的案件，若驾驶人与乘车人存在共同过错则构成共同侵权，应由案涉车辆保险公司先承担相应的赔偿责任，再向有过错的乘车人追偿。本案中，吴某驾驶车辆，未按规定停车，李某作为车上乘客，开车门时，妨碍其他车辆通行，两者对交通事故的发生均有过错，均属于被保险人在使用被保险机动车过程中发生意外事故导致第三者受伤范畴，保险公司应在保险责任限额内承担赔偿责任。

找法

《中华人民共和国民法典》

第一千一百六十八条 二人以上共同实施侵权行为，造成他人损害的，应当承担连带责任。

第一千一百七十二条 二人以上分别实施侵权行为造成同一损害，能够确定责任大小的，各自承担相应的责任；难以确定责任大小的，平均承担责任。

《最高人民法院关于适用〈中华人民共和国保险法〉若干问题的解释（四）》

第十六条 责任保险的被保险人因共同侵权依法承担连带责任，保险人以该连带责任超出被保险人应承担的责任份额为由，拒绝赔付保险金的，人民法院不予支持。保险人承担保险责任后，主张就超出被保险人责任份额的部分向其他连带责任人追偿的，人民法院应予支持。

四、交通事故中的其他法律问题

举一反三

若驾驶人或乘车人开车门的行为并未与受伤方人员或车辆直接接触,是否可免除驾驶人或乘车人的责任呢?需注意的是,只有双方存在共同过错的情况下,才能认定为共同侵权。驾驶员对乘客开车门的行为负有一定的管理义务。由此,驾驶员的过失和乘客的过失也就在内涵上具有了一致性、共同性。民法典侵权责任编将数人侵权划分为有意思联络的共同侵权与无意思联络的数人侵权,其立法本意在于强调责任承担与理性预期的合理一致,限制连带责任的适用范围。原则上,共同侵权以必要的意思联络(包括共同故意和有共同认识意义上的共同过失)为要件,以意思联络为承担连带责任的正当性条件。实践中,虽然两车辆未直接接触,但因事故车辆开车门不慎的行为致使无责方摔倒或车辆受损,开车门不慎的行为与交通事故的发生具有因果关系,对交通事故造成的无责方人员受伤或车辆受损具有过错。故开车门不慎的一方不能因其未与受损车辆直接接触而免除责任。

61 行人或非机动车与机动车之间发生交通事故，行人或非机动车负全责，机动车司机是否需赔付？

遇事

2022年10月14日20时40分左右，被告贺某驾驶轿车沿西安市绕城高速公路由南向北行驶至307公里+830米处时，与由东向西横穿高速公路的行人丛某云相撞，造成行人丛某云当场死亡、轿车损坏的交通事故。该事故经某市公安局交通警察支队认定，行人丛某云进入高速公路的行为是造成本次事故的根本原因，承担本起道路交通事故的全部责任，被告贺某无交通违法行为，不承担事故责任。行人丛某云的继承人将贺某诉至法院，要求贺某支付死亡赔偿金、丧葬费、被抚养人生活费、精神损害抚慰金共计54088.5元。贺某认为丛某云负事故全部责任，应自担风险。那么对于行人负事故全部责任的交通事故，机动车一方是否需要承担责任？

贺某（机动车驾驶人）
丛某云（行人）
行人横穿高速公路造成交通事故

说法

行人或非机动车与机动车之间发生交通事故，行人或非机动车负全责，机动车司机仍需承担不超过10%的赔偿责任。本案中，行人被认定为承担全部责任，虽然机动车一方无责任，但依据法律规定仍需要承担最高10%的赔偿责任。对于机动车一方10%的赔偿部分为无过错责任；90%的赔偿部分为过错责任。虽然法律规定表述的为"不超过百分之十"，但实践中大多数法院对于该类案件直接判决由机动车一方承担10%的赔偿责任。

四、交通事故中的其他法律问题

找法

《中华人民共和国道路交通安全法》

第七十六条 机动车发生交通事故造成人身伤亡、财产损失的,由保险公司在机动车第三者责任强制保险责任限额范围内予以赔偿;不足的部分,按照下列规定承担赔偿责任:

(一)机动车之间发生交通事故的,由有过错的一方承担赔偿责任;双方都有过错的,按照各自过错的比例分担责任。

(二)机动车与非机动车驾驶人、行人之间发生交通事故,非机动车驾驶人、行人没有过错的,由机动车一方承担赔偿责任;有证据证明非机动车驾驶人、行人有过错的,根据过错程度适当减轻机动车一方的赔偿责任;机动车一方没有过错的,承担不超过百分之十的赔偿责任。

交通事故的损失是由非机动车驾驶人、行人故意碰撞机动车造成的,机动车一方不承担赔偿责任。

举一反三

需要注意的是,本案交通事故发生在陕西省内,根据《陕西省高级人民法院关于审理道路交通事故损害赔偿案件若干问题的指导意见(试行)》第16条的规定:"机动车与非机动车、行人发生交通事故,依据《道路交通安全法》第七十六条的规定,需要减轻机动车方赔偿责任的,可以按照下列规定由机动车方承担赔偿责任(一)主要责任承担90%;(二)同等责任承担60%;(三)次要责任承担40%;(四)在高速公路、全封闭汽车专用公路等封闭道路上发生交通事故的,无责任承担5%,但赔偿金额最高不超过5000元;在其他道路上发生交通事故的,无责任承担10%,赔偿金额最高不超过1万元。"

遇事找法 交通事故纠纷一站式法律指引

62 在道路上堆放、倾倒、遗撒物品等妨碍道路通行，发生交通事故后，责任该如何承担？

遇事

扫一扫，听案情

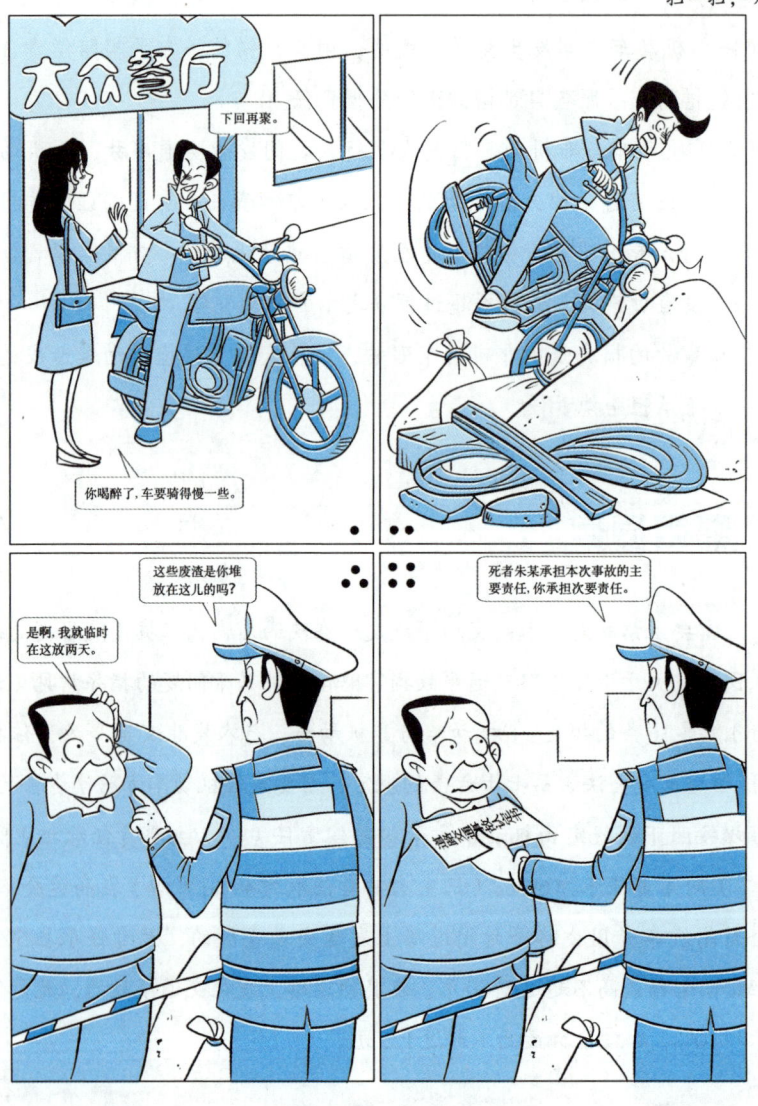

下回再聚。

你喝醉了，车要骑得慢一些。

这些废渣是你堆放在这儿的吗？

是啊，我就临时在这放两天。

死者朱某承担本次事故的主要责任，你承担次要责任。

四、交通事故中的其他法律问题

说法

行为人因过错侵害他人民事权益，应承担侵权责任。被侵权人对损害的发生也有过错的，可以减轻侵权人的责任。本案中，朱某军无证且醉驾导致交通事故发生，应当承担本次事故的主要责任。根据法律规定，在公共道路上堆放、倾倒、遗撒妨碍通行的物品造成他人损害的，有关单位或者个人应当承担侵权责任。黄某某在公共道路上堆放黄沙等物品，未设置明显的安全警示标志或采取防护措施，系本次事故发生的次要因素，应当承担侵权责任。另外，该施工公司将建设工程承包给无施工资质的个人施工，因此存在过失。故法院支持原告诉请，由道路堆放物的黄某以及施工单位承担赔偿责任。

找法

《中华人民共和国民法典》

第一千二百五十六条 在公共道路上堆放、倾倒、遗撒妨碍通行的物品造成他人损害的，由行为人承担侵权责任。公共道路管理人不能证明已经尽到清理、防护、警示等义务的，应当承担相应的责任。

《中华人民共和国道路交通安全法》

第三十一条 未经许可，任何单位和个人不得占用道路从事非交通活动。

举一反三

在实际生活中，出现了较多因在道路上堆放、倾倒、遗撒物品等妨碍道路通行发生的交通事故，因而产生事故责任分配的问题。根据《中华人民共和国民法典》第1256条的规定，对此种情形适用过错责任原则，如其不能证明已尽到安全注意义务，应当承担相应的赔偿责任。在实践过程中，对于该责任的主次划分，还要结合具体案情和事故发生原因进行综合分析。

四、交通事故中的其他法律问题

> **63** 连续购车未办理转移登记，机动车发生交通事故致人损害，登记车主是否应承担损害赔偿责任？

遇事

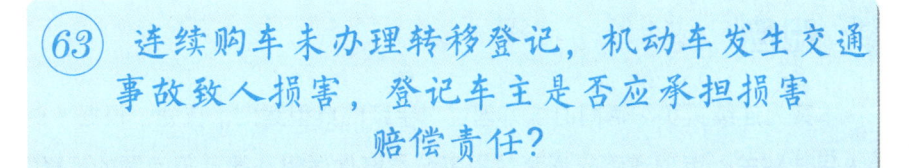

2020年9月9日13时许，被告胡某某驾驶轿车行驶至某路口时，与郭某利驾驶的载有王某荣、张某玲、樊某玲的电动三轮摩托车相撞，造成电动三轮摩托车驾驶人郭某利及乘坐人王某荣、张某玲受伤的交通事故。事故发生后，被告胡某某驾车逃逸；王某荣被紧急送往县医院抢救，但因抢救无效，于当日16时31分死亡。县交警大队作出了《道路交通事故认定书》，认定被告胡某某负事故全部责任，郭某利、王某荣、张某玲、樊某玲不负事故责任。另查，涉案事故机动车登记车主为朱某中，出厂日期为2005年1月31日。后朱某中将该车转让并交付给谭某平，但未办理过户手续。谭某平后又将该车转让并交付给被告邓某某，也未办理过户手续。2020年6月底，被告邓某某将该车转让并交付给被告胡某某，也未办理过户手续。此时，涉案事故机动车检验有效期截止于2020年3月31日，保险终止日期为2020年4月1日。后原告将车主朱某中以及谭某平、邓某某和胡某某为被告向法院提起诉讼，要求承担赔偿责任。本案中，车辆存在连续易主但均未完成过户的情形，责任应当如何承担？

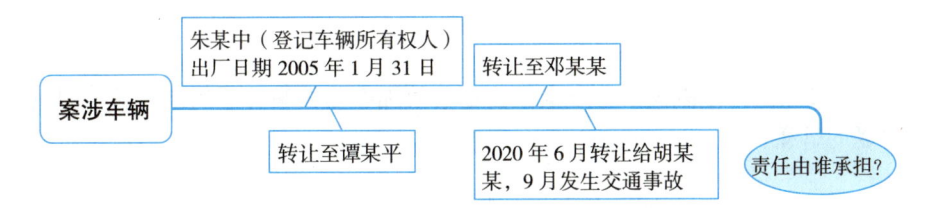

案涉车辆：
- 朱某中（登记车辆所有权人）出厂日期2005年1月31日
- 转让至谭某平
- 转让至邓某某
- 2020年6月转让给胡某某，9月发生交通事故

责任由谁承担？

157

说法

本案为连续买卖车辆同时未办理过户手续的典型案例。首先，根据《最高人民法院关于审理道路交通事故损害赔偿案件适用法律若干问题的解释》第1条规定，胡某某作为车辆实际的驾驶人，发生交通事故后逃逸，应当对自身的侵权行为承担相应的赔偿责任。其次，对登记权人朱某中是否应当承担责任，根据物权一般原则，机动车作为动产，其在转让完成后所有权也相应发生转移。根据《中华人民共和国民法典》第1210条的规定，当事人之间已经以买卖或者其他方式转让并交付机动车但是未办理登记，发生交通事故造成损害，属于该机动车一方责任的，由受让人承担赔偿责任。本案中，朱某中对本次交通事故的发生并无过错，故也不应承担责任。但邓某某将车辆转让给胡某某时，案涉车辆检验有效期已过3个多月，邓某某将不能上路车辆转卖给胡某某，应当认定为其有过错，虽然本案中邓某某与胡某某属于车辆买卖关系，但邓某某应当与胡某某一并对本次事故承担相应的赔偿责任。最终，法院判决由邓某某与胡某承担赔偿责任。

找法

《中华人民共和国民法典》

第一千二百一十条 当事人之间已经以买卖或者其他方式转让并交付机动车但是未办理登记，发生交通事故造成损害，属于该机动车一方责任的，由受让人承担赔偿责任。

《最高人民法院关于审理道路交通事故损害赔偿案件适用法律若干问题的解释》

第一条 机动车发生交通事故造成损害，机动车所有人或者管理人有下列情形之一，人民法院应当认定其对损害的发生有过错，并适用民法典第一千二百零九条的规定确定其相应的赔偿责任：

（一）知道或者应当知道机动车存在缺陷，且该缺陷是交通事故发生原因之一的；

（二）知道或者应当知道驾驶人无驾驶资格或者未取得相应驾驶资格的；

（三）知道或者应当知道驾驶人因饮酒、服用国家管制的精神药品或者麻醉药品，或者患有妨碍安全驾驶机动车的疾病等依法不能驾驶机动车的；

（四）其他应当认定机动车所有人或者管理人有过错的。

第二条 被多次转让但是未办理登记的机动车发生交通事故造成损害，属于该机动车一方责任，当事人请求由最后一次转让并交付的受让人承担赔偿责任的，人民法院应予支持。

举一反三

按照《中华人民共和国民法典》第225条的规定，船舶、航空器、机动车等物权的设立、变更、转让、消灭，未经登记的，不得对抗善意第三人。由此可知，我国对机动车买卖进行登记过户，采取的是登记对抗主义，即交付就已经发生所有权转移的效力，仅仅是不得对抗已经登记的善意第三人而已。同时，机动车所有权变动的登记，更大程度上是一种行政管理措施，而非所有权变动的公示方式。因此，在机动车买卖未过户的情况下，只要交付，其所有权就已经发生了转移，登记过户只是针对买卖合同对抗第三人的效力来说的，未过户登记并不影响所有权转移和风险承担。同时，民法典物权编的立法目的是保护交易安全，这里的善意第三人仅解释为交易中的第三人，并不包括道路交通事故致人损害责任中的第三人。因此，不能将未过户登记的原机动车保有人作为赔偿责任主体认定。

64 孕妇因交通事故致终止妊娠，是否有权请求精神损害赔偿？

遇事

2021年5月7日16时40分许，被告孙某驾驶小型普通客车在某路口处左转弯时，与杜某新驾驶的小型轿车（载原告许某某，已怀孕）相撞，造成孙某、杜某新、许某某受伤及车辆损坏的道路交通事故。交警大队调查后认定，被告孙某负事故全部责任，原告许某某、杜某新无责任。孙某驾驶的车辆在被告保险公司投保了交强险及商业三者险150万元，涉案交通事故发生在保险合同有效期限内。事故发生后，许某某受伤住院，经检查事故影响了胎儿健康发育，在医生的建议下选择终止妊娠，在某市中心医院住院治疗4天，其中二级护理4天，出院医嘱全休1个月。后原告就该起交通事故提起诉讼，除医疗费、误工费等费用外，还主张终止妊娠造成的精神损失。被告是否应赔偿原告就交通事故致终止妊娠主张的精神损害赔偿？

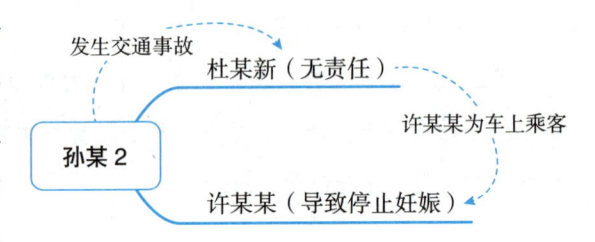

发生交通事故：孙某2 → 杜某新（无责任）
许某某为车上乘客
许某某（导致停止妊娠）

说法

精神损害赔偿，是指自然人在人身权或者是某些财产权利受到不法侵害，致使其人身利益或者财产利益受到损害并遭到严重精神痛苦时，受害人本人、本人死亡后的近亲属有权要求侵权人给予损害赔偿的民事法律制度。对于孕妇因交通事故致终止妊娠，在实际生活中，一般都认为侵权行为对孕妇造成的损害，包括身体上和精神上的损害。本案中，孙某驾驶车辆造成许某某受伤，进而影响了其胎儿健康发育，无奈选择了终止妊娠。由于本次事故给许某某造成了严重的身体上和精神上的伤害，因此，孙某应当向许某某承担精神损害赔偿。

找法

《中华人民共和国民法典》

第一百零九条 自然人的人身自由、人格尊严受法律保护。

第一百一十条 自然人享有生命权、身体权、健康权、姓名权、肖像权、名誉权、荣誉权、隐私权、婚姻自主权等权利。

法人、非法人组织享有名称权、名誉权和荣誉权。

第九百九十条 人格权是民事主体享有的生命权、身体权、健康权、姓名权、名称权、肖像权、名誉权、荣誉权、隐私权等权利。

除前款规定的人格权外，自然人享有基于人身自由、人格尊严产生的其他人格权益。

第九百九十一条 民事主体的人格权受法律保护，任何组织或者个人不得侵害。

第一千一百八十三条 侵害自然人人身权益造成严重精神损害的，被侵权人有权请求精神损害赔偿。

因故意或者重大过失侵害自然人具有人身意义的特定物造成严重精神损害的，被侵权人有权请求精神损害赔偿。

举一反三

> 侵权行为致人精神损害，应综合考量是否造成严重后果，应该充分结合案件的事实进行分析。除上述案例提到的孕妇因交通事故终止妊娠外，还包括造成的应激障碍等，均可以主张精神损害。

65 侵权行为导致身份不明的受害人死亡，未经法律授权的机关或者有关组织是否有权主张死亡赔偿金？

遇事

2022年9月25日凌晨2时许，被告人彭某某驾驶重型仓栅式货车沿某道由东向西行驶至某路段时，将步行的无名氏撞倒，造成无名氏当场死亡、货车受损的交通事故。交警支队调查后认定，被告彭某某承担事故的主要责任。本案审理期间，附带民事诉讼原告人某市道路交通事故社会救助基金管理办公室于2023年9月5日提起刑事附带民事诉讼，代死者主张权利，要求附带民事诉讼被告人彭某某、某保险公司济宁中心支公司、济宁市某某商贸有限公司赔偿死亡赔偿金、被扶养人生活费等各项损失。一审法院审理后判决，保险公司在交强险、商业三者险范围内赔偿附带民事诉讼原告人死亡赔偿金562192元；在商业险范围内赔偿附带民事诉讼原告人被扶养人生活费343920元。后保险公司不服一审判决，上诉至某市中级人民法院。

说法

本案的争议焦点为某市道路交通事故社会救助基金管理办公室是否为本案适格原告。附带民事诉讼被告人某保险公司济宁中心支公司认为：原告方没有主张死亡赔偿金以及被扶养人生活费的权利，仅有对其垫付的抢救费和丧葬费进行追偿的权利。原告方认为，根据《中华人民共和国道路交通安全法》以及《山东省实施〈中华人民共和国道路交通安全法〉办法》规定，原告为本案适格主体。二审法院经审理后认为，首先，法律仅规定道路交通事故社会救助基金垫付抢救、丧葬等费用后，其管理机构有追偿权，而未规定其他费用。本案中，

四、交通事故中的其他法律问题

由于某市道路交通事故社会救助基金管理办公室未支付无名死者抢救、丧葬等费用，故其无权向侵权人要求追偿。某市道路交通事故社会救助基金管理办公室不是本案的适格"赔偿权利人"。其次，《最高人民法院关于审理人身损害赔偿案件适用法律若干问题的解释》第1条第2款已将人身损害赔偿案件中"赔偿权利人"限定为"因侵权行为或者其他致害原因直接遭受人身损害的受害人以及死亡受害人的近亲属"。据此，只有死者的近亲属才有权请求侵权人承担侵权责任，交通事故无名氏案件的赔偿权利主体仍为死者的近亲属。由于"无名氏"近亲属未出现，显然没有提出损害赔偿请求的适格主体。最后，根据《最高人民法院关于审理道路交通事故损害赔偿案件适用法律若干问题的解释》第23条第1款的规定，被侵权人因道路交通事故死亡，无近亲属或者近亲属不明，未经法律授权的机关或者有关组织向人民法院起诉主张死亡赔偿金的，人民法院不予受理。本案中，某市道路交通事故社会救助基金管理办公室不是经法律授权的机关或者有关组织，不具备提起死亡赔偿金、被抚养人生活费请求的民事主体资格。

🔍 找法

《中华人民共和国民法典》

第一千一百八十一条 被侵权人死亡的，其近亲属有权请求侵权人承担侵权责任。被侵权人为组织，该组织分立、合并的，承继权利的组织有权请求侵权人承担侵权责任。

被侵权人死亡的，支付被侵权人医疗费、丧葬费等合理费用的人有权请求侵权人赔偿费用，但是侵权人已经支付该费用的除外。

《最高人民法院关于审理道路交通事故损害赔偿案件适用法律若干问题的解释》

第二十三条 被侵权人因道路交通事故死亡，无近亲属或者近亲属不明，未经法律授权的机关或者有关组织向人民法院起诉主张死亡赔偿金的，人民法院不予受理。

侵权人以已向未经法律授权的机关或者有关组织支付死亡赔偿金为理由，请求保险公司在交强险责任限额范围内予以赔偿的，人民法院不予支持。

被侵权人因道路交通事故死亡，无近亲属或者近亲属不明，支付被侵权人医疗费、丧葬费等合理费用的单位或者个人，请求保险公司在交强险责任限额范围内予以赔偿的，人民法院应予支持。

举一反三

除本案的无名氏流浪人员外，对于实践中的无民事行为能力人或者限制民事行为能力人没有监护人的，由他们所在单位或者住所地的居民委员会、村民委员会或者民政部门担任监护人。当他们的合法权益受到侵害的，监护人有权要求有关部门依法处理，或者依法向仲裁机构申请仲裁，或者依法向人民法院提起诉讼以维护他们的权利。

四、交通事故中的其他法律问题

66 保险公司向机动车一方支付保险金后,是否有权向非机动车一方行使代位求偿权?

遇事

扫一扫,听案情

说法

本案的争议焦点在于保险公司向机动车一方支付保险金后,是否有权向非机动车一方行使代位求偿权?依据《中华人民共和国道路交通安全法》第76条第1款第2项"机动车与非机动车驾驶人、行人之间发生交通事故,非机动车驾驶人、行人没有过错的,由机动车一方承担赔偿责任;有证据证明非机动车驾驶人、行人有过错的,根据过错程度适当减轻机动车一方的赔偿责任;机动车一方没有过错的,承担不超过百分之十的赔偿责任"的规定可知,机动车与非机动车、行人之间发生道路交通事故的,按照无过错原则归责,但可以适用过失相抵规则,以此实现对非机动车一方的过错评价。但机动车一方不能因此请求有过错的非机动车一方赔偿其因交通事故所遭受的财产损失。法院认为,保险人的代位求偿权源于受害人对行为人的侵权或者违约损害赔偿请求权,实质是被保险人法定赔偿权利的转移。在非机动车一方依法无须对机动车一方的财产损失承担赔偿责任的前提下,保险公司无权主张保险代位求偿权。最终,法院驳回原告关于要求非机动一方承担责任的请求。

找法

《中华人民共和国道路交通安全法》

第七十六条　机动车发生交通事故造成人身伤亡、财产损失的,由保险公司在机动车第三者责任强制保险责任限额范围内予以赔偿;不足的部分,按照下列规定承担赔偿责任:

(一)机动车之间发生交通事故的,由有过错的一方承担赔偿责任;双方都有过错的,按照各自过错的比例分担责任。

(二)机动车与非机动车驾驶人、行人之间发生交通事故,非机动车驾驶人、行人没有过错的,由机动车一方承担赔偿责任;有证据证明非机动车驾驶人、行人有过错的,根据过错程度适当减轻机动车一方的赔偿责任;机

四、交通事故中的其他法律问题

动车一方没有过错的,承担不超过百分之十的赔偿责任。

交通事故的损失是由非机动车驾驶人、行人故意碰撞机动车造成的,机动车一方不承担赔偿责任。

举一反三

> 保险人的代位求偿权,是指保险人依法享有的,代位行使被保险人向造成保险标的损害负有赔偿责任的第三者请求赔偿的权利。若因第三者对保险标的的损害而产生的保险事故,保险人自向被保险人赔偿保险金之日起,在赔偿金额范围内可以代位行使被保险人对第三者请求赔偿的权利。

67 因道路管理维护缺陷导致机动车发生交通事故，赔偿责任如何承担？

遇事

2022年9月12日21时30分许，没有驾照的侯某驾驶无牌照二轮摩托车沿某国道由北向南行驶至某路口时，因某分局设置的护栏缺失且无其他警示标志及交通信号控制，侯某撞至缺失的护栏下面的底座上，致使侯某受伤。侯某受伤后在某市中心医院住院治疗。侯某向法院提起诉讼：1.请求市公路局、某分局赔偿侯某各项损失81436.94元（医疗费24647.88元、误工费14400元、护理费1586.6元、住院伙食补助费680元、伤残赔偿金68024元、交通费1000元、营养费1000元、精神抚慰金1000元、二次手术费4000元；共计116338.48元按70%计算）；2.诉讼费由市公路局、某分局承担。原告请求市公路局、某分局承担赔偿责任能否得到法院支持？

说法

本案的争议焦点为：市公安局、某分局对于事故的发生是否存在过错，是否应承担赔偿责任？关于上述问题，《最高人民法院关于审理道路交通事故损害赔偿案件适用法律若干问题的解释》第7条明确规定，因道路管理维护缺陷导致机动车发生交通事故造成损害，当事人请求道路管理者承担相应赔偿责任的，人民法院应予支持。但道路管理者能够证明已经依照法律、法规、规章的规定，或者按照国家标准、行业标准、地方标准的要求尽到安全防护、警示等管理维护义务的除外。

依据上述规定，原告诉求请求是否能得到支持首先需要判定某分局作为涉案路段的道路管理者是否有过错，是否因道路管理维护缺陷导致机动车发生交通事故？本案中，因涉案路口机非隔离带设置期间，曾多次发生隔离带丢失事件，某分局应预见到隔离带丢失可能会造成安全隐患。事故发生时，各方当事人均认可事故路段隔离带缺失，故某分局在管理期间未采取有力的防丢失措施，也未查明丢失原因，存在管理上的疏漏。公路管理单位的巡查措施仅是管理行为之一，不能认定某分局履行了巡查义务就不存在管理瑕疵。故某分局应承担部分赔偿责任。最终，法院认定某分局作为道路管理者承担60%的赔偿责任。

找法

《最高人民法院关于审理道路交通事故损害赔偿案件适用法律若干问题的解释》

第七条　因道路管理维护缺陷导致机动车发生交通事故造成损害，当事人请求道路管理者承担相应赔偿责任的，人民法院应予支持。但道路管理者能够证明已经依照法律、法规、规章的规定，或者按照国家标准、行业标准、地方标准的要求尽到安全防护、警示等管理维护义务的除外。

依法不得进入高速公路的车辆、行人，进入高速公路发生交通事故造成自身损害，当事人请求高速公路管理者承担赔偿责任的，适用民法典第一千二百四十三条的规定。

举一反三

《中华人民共和国民法典》第1253条规定："建筑物、构筑物或者其他设施及其搁置物、悬挂物发生脱落、坠落造成他人损害，所有人、管理人或者使用人不能证明自己没有过错的，应当承担侵权责任。所有人、管理人或者使用人赔偿后，有其他责任人的，有权向其他责任人追偿。"对于建筑物、构筑物或者其他设施及其搁置物、悬挂物具有管理职能的人，如因管理不当、未尽管理义务引发侵权的，应当承担赔偿责任。

68 机动车交通事故受害人有被扶养人的，被扶养人的生活费应当如何计算？

遇事

2023年5月23日上午10时15分，高某某驾驶刘某某所有的轻型普通货车行驶至某交叉路口处时，由于超速行驶，致使车辆与冯某某骑行的普通二轮电动车相撞，造成冯某某受伤和两车受损的道路交通事故。2023年6月7日，交警支队作出《道路交通事故认定书》，认定由高某某承担此次交通事故的全部责任，冯某某不承担责任。另查明，冯某某与李某系夫妻关系，李某系某装饰工程有限公司员工，其月工资为5000元。冯某某、李某育有两个子女，婚生子李某宇于2020年5月25日出生，婚生女李某怡于2018年4月14日出生。该起事故发生后，冯某某提起诉讼要求被告高某以及承保其车辆保险公司承担赔偿责任，支付医疗费、残疾赔偿金、被扶养人生活费等费用。本案中的被扶养人生活费应当如何计算？

说法

被扶养人，是指受害人依法应当承担扶养义务的未成年人或者丧失劳动能力又无其他生活来源的成年近亲属。被扶养人还有其他扶养人的，赔偿义务人只赔偿受害人依法应当负担的部分。被扶养人有数人的，年赔偿总额累计不超过上一年度城镇居民人均消费性支出额。本案中，李某宇和李某怡作为冯某某的婚生子女且抚养人部分丧失劳动能力，其子女未满18周岁，应当将抚养费计算至18周岁，按照受诉法院所在地上一年度城镇居民人均消费性支出标准计算。

四、交通事故中的其他法律问题

🔍 找法

《最高人民法院关于审理人身损害赔偿案件适用法律若干问题的解释》

第十七条 被扶养人生活费根据扶养人丧失劳动能力程度，按照受诉法院所在地上一年度城镇居民人均消费支出标准计算。被扶养人为未成年人的，计算至十八周岁；被扶养人无劳动能力又无其他生活来源的，计算二十年。但六十周岁以上的，年龄每增加一岁减少一年；七十五周岁以上的，按五年计算。

被扶养人是指受害人依法应当承担扶养义务的未成年人或者丧失劳动能力又无其他生活来源的成年近亲属。被扶养人还有其他扶养人的，赔偿义务人只赔偿受害人依法应当负担的部分。被扶养人有数人的，年赔偿总额累计不超过上一年度城镇居民人均消费支出额。

举一反三

在机动车交通事故案件中，受害人因交通事故致残，丧失或部分丧失劳动能力的，受害人有被扶养人，应当根据《最高人民法院关于审理人身损害赔偿案件适用法律若干问题的解释》的规定，按照受诉法院所在地上一年度城镇居民人均消费性支出标准计算。被扶养人为未成年人的，计算至18周岁；被扶养人无劳动能力又无其他生活来源的，计算20年。但60周岁以上的，年龄每增加1岁减少1年；75周岁以上的，按5年计算。

69 非运营车辆发生交通事故后，使用替代交通工具产生的合理费用，法院是否应予支持？

遇事

2021年5月27日15时许，江某驾驶姜某所有的小型面包车行驶至某路口时，与陈某驾驶的小型轿车发生交通事故。经交警部门认定，江某承担事故全部责任。陈某将受损车辆送至维修公司进行维修，产生维修费21857元，江某垫付1000元，其余20857元由陈某自行支付。在车辆维修期间，陈某打车出行。双方就赔偿费用协商未果，陈某向人民法院提起诉讼，要求江某和姜某支付车辆剩余维修款及交通费。本案中，对于陈某的非运营车辆发生交通事故后，其使用替代交通工具产生的合理费用，法院是否应予支持？

说法

对于非运营车辆发生交通事故后，当事人就使用替代交通工具产生的合理费用请求侵权人赔偿的，法院应予支持。本案中，陈某主张的交通费产生于车辆维修期间，并且提交了相应的票据且费用数额符合"市场行情"，故法院全额支持了该费用。若当事人主张的费用没有相应票据支撑或并非符合一般使用用途的，法院会依据庭审情况不予支持或进行酌减。

找法

《最高人民法院关于审理道路交通事故损害赔偿案件适用法律若干问题的解释》

第十二条　因道路交通事故造成下列财产损失，当事人请求侵权人赔偿

四、交通事故中的其他法律问题

的，人民法院应予支持：

（一）维修被损坏车辆所支出的费用、车辆所载物品的损失、车辆施救费用；

（二）因车辆灭失或者无法修复，为购买交通事故发生时与被损坏车辆价值相当的车辆重置费用；

（三）依法从事货物运输、旅客运输等经营性活动的车辆，因无法从事相应经营活动所产生的合理停运损失；

（四）非经营性车辆因无法继续使用，所产生的通常替代性交通工具的合理费用。

举一反三

需要注意的是，如何认定替代性交通工具的合理性呢？认定替代性交通工具的费用，要以诚实信用原则为基础，遵循必要性、合理性原则，根据事故车辆本身的价值大小和一般使用用途等来确定。

即使有使用替代性交通工具的需要，要租赁车辆进行使用，其也不应超出其受损车辆的水平和档次，否则就会造成不必要、不合理的花费，法院也不会支持该项费用。

70 交通事故中,被侵权人的个人体质状况扩大损害后果的,是否可以减轻侵权人的责任?

遇事

2021年4月28日,李某驾驶小轿车由东向北行驶,陈某骑自行车由东向西在人行横道上行驶,李某车辆右侧与陈某的自行车相接触,造成两车部分损坏、陈某受伤的交通事故。交通责任认定书认定李某承担主要责任,陈某承担次要责任。双方就赔偿事宜协商无果后,陈某将李某诉至人民法院。司法鉴定所经鉴定认为,陈某应该是存在陈旧性骨折的,故建议其就因果关系一并进行鉴定。而后出具的鉴定意见书认为,申请人陈某的损害后果与交通事故存在因果关系。本案中,陈某的个人体质状况扩大损害后果的,是否可以减轻侵权人的责任?

说法

根据《中华人民共和国民法典》第1173条规定,被侵权人对同一损害的发生或者扩大有过错的,可以减轻侵权人的责任。受害人的自身体质状况对侵权损害后果的发生具有一定的影响,但并非法律规定的过错,受害人对伤残损害后果的发生或扩大并没有过错,不存在减轻或免除赔偿的法定情形。本案中,受害人身患陈旧性骨折,属于自身特殊体质,虽然对治疗和伤残等级有一定影响,但并不是受害人主观心理能决定的,不属于法律规定的过错,因此不能据此减轻侵权人李某的赔偿责任。

找法

《中华人民共和国民法典》

第一千一百七十三条 被侵权人对同一损害的发生或者扩大有过错的,

可以减轻侵权人的责任。

《中华人民共和国道路交通安全法》

第七十六条 机动车发生交通事故造成人身伤亡、财产损失的，由保险公司在机动车第三者责任强制保险责任限额范围内予以赔偿；不足的部分，按照下列规定承担赔偿责任：

（一）机动车之间发生交通事故的，由有过错的一方承担赔偿责任；双方都有过错的，按照各自过错的比例分担责任。

（二）机动车与非机动车驾驶人、行人之间发生交通事故，非机动车驾驶人、行人没有过错的，由机动车一方承担赔偿责任；有证据证明非机动车驾驶人、行人有过错的，根据过错程度适当减轻机动车一方的赔偿责任；机动车一方没有过错的，承担不超过百分之十的赔偿责任。

交通事故的损失是由非机动车驾驶人、行人故意碰撞机动车造成的，机动车一方不承担赔偿责任。

举一反三

最高人民法院指导案例24号的裁判要点指出，交通事故中，虽然受害人的个人体质对交通事故导致的伤残存在一定影响，但对损害的发生或者扩大无过错，则不存在减轻或免除侵权人赔偿责任的情况。同时我国交强险立法也并未规定在确定交强险责任时应依据受害人体质状况对损害后果的影响作相应扣减。因此，受害人的体质状况对损害后果的影响不属于可以减轻侵权人责任的法定情形。保险公司的免责事由也仅限于受害人故意造成交通事故的情形，即使投保机动车无责，保险公司也应在交强险无责限额内予以赔偿。

遇事找法 交通事故纠纷一站式法律指引

㈦ 仲裁或者诉讼的,被保险人支付的仲裁或者诉讼费用以及其他必要的、合理的费用由谁承担?

遇事

2021年12月17日18时许,尹某某驾驶无号牌电动三轮车(经鉴定属正三轮轻便摩托车)行驶至某路口左转弯时,与对向行驶的杨某驾驶的小汽车发生碰撞,造成尹某某当场死亡及两车受损的交通事故。交警大队调查后认定,尹某某与杨某分别承担事故的同等责任。杨某驾驶的小汽车在保险公司购买了交强险和商业三者险,事故发生在保险期间内。事故发生后,杨某已向陈某某、尹某2、尹某1垫付丧葬费36000元,其他费用并未支付。为此,尹某某继承人就本次事故提起诉讼,要求支付死亡赔偿金、赡养费等以及案件诉讼费用、律师费。原告要求保险公司承担诉讼费、律师费的主张能否得到法院支持?

说法

本案的争议焦点为诉讼费等是否属于保险公司赔付类别?《中华人民共和国保险法》明确规定,责任保险的被保险人因给第三者造成损害的保险事故而被提起仲裁或者诉讼的,被保险人支付的仲裁或者诉讼费用以及其他必要的、合理的费用,除合同另有约定外,由保险人承担。关于诉讼费是否为必要的、合理的费用,一般发生交通事故后,责任保险的被保险人给第三者造成损害的,如果双方不能达成赔偿协议,受损害的第三者就要提起仲裁或者诉讼,由仲裁机构或者人民法院进行裁定或者判决,以确定赔偿金额,这是当事人救济自身权益所必须发生的费用。故一般法院会认定被保险人因此支出的诉讼费用属于保险责任的范围,但律师费则根据双方的约定,并不属于必然发生费用。本案中,本案法官亦认可上述观点,支持原告请求,认定被保险人支付的诉讼费用属于必要的、合理的费用，判决由保险公司承担，律师费未予支持。

🔍 找法

《中华人民共和国保险法》

第六十六条 责任保险的被保险人因给第三者造成损害的保险事故而被提起仲裁或者诉讼的，被保险人支付的仲裁或者诉讼费用以及其他必要的、合理的费用，除合同另有约定外，由保险人承担。

举一反三

实践中存在投保单、投保人声明上的签名非投保人本人所签的情形，该情形涉及笔迹鉴定产生的费用，因该费用并非交通事故案件必然产生，且保险公司在承保时负有审查义务，其应知晓该笔迹的情况，在投保人已经主张该笔迹非其所签的情况下保险公司不认可而引发的笔迹鉴定，若鉴定意见也支持了投保人的主张，则该费用由保险公司负担。但是，如果责任保险合同对上述费用的负担作了约定，则依照合同的约定。

72 交通事故发生后，行政机关为查清事故责任依法对相关车辆进行扣押与检测，由此产生的停车费、检测费是否应由侵权人承担？

遇事

2018年3月9日11时，祁某驾驶小型轿车（出租车）沿道路行驶时，与鲍某驾驶的小轿车发生碰撞，造成祁某受伤的交通事故。交警大队调查后认定，鲍某负此次事故主要责任，祁某负次要责任。鲍某驾驶的小轿车在保险公司投保交强险和商业三者险。事故发生后祁某车辆被交警大队依法进行扣押与检测，产生相应的停车费及检测费。在庭审中，鲍某某认为车辆停车费、检测费是因行政机关扣押产生的，其不应对该部分损失承担赔偿责任。那么，行政机关为查清事故责任依法对相关车辆进行扣押与检测，由此产生的停车费、检测费是否应由侵权人承担？

说法

交通事故发生后，交管部门出于收集证据、查明事故责任的需要，对相关车辆予以扣押，停放在指定的停车场内进行检测属于其法定的程序和职责范围，由此产生了停车费、检测费的承担问题。根据《中华人民共和国行政强制法》第26条的规定，因查封、扣押发生的保管费用由行政机关承担。因此，对于交管部门履行法定职责对车辆合理扣押期间产生的停车费用应由交管部门承担；而在扣押与检测期间产生的检测费与交通事故中侵权人的侵权行为之间具有相当因果关系，原则上应由侵权人承担赔偿责任。就本案而言，检测费应当由侵权人鲍某承担；停车费用应由交管部门承担，被侵权人祁某无权向侵权人鲍某主张赔偿。

四、交通事故中的其他法律问题

🔍 找法

《中华人民共和国道路交通安全法》

第七十二条 公安机关交通管理部门接到交通事故报警后，应当立即派交通警察赶赴现场，先组织抢救受伤人员，并采取措施，尽快恢复交通。

交通警察应当对交通事故现场进行勘验、检查，收集证据；因收集证据的需要，可以扣留事故车辆，但是应当妥善保管，以备核查。

对当事人的生理、精神状况等专业性较强的检验，公安机关交通管理部门应当委托专门机构进行鉴定。鉴定结论应当由鉴定人签名。

《最高人民法院关于审理道路交通事故损害赔偿案件适用法律若干问题的解释》

第十二条 因道路交通事故造成下列财产损失，当事人请求侵权人赔偿的，人民法院应予支持：

（一）维修被损坏车辆所支出的费用、车辆所载物品的损失、车辆施救费用；

（二）因车辆灭失或者无法修复，为购买交通事故发生时与被损坏车辆价值相当的车辆重置费用；

（三）依法从事货物运输、旅客运输等经营性活动的车辆，因无法从事相应经营活动所产生的合理停运损失；

（四）非经营性车辆因无法继续使用，所产生的通常替代性交通工具的合理费用。

举一反三

对于停车费用，因《中华人民共和国行政强制法》第26条第3款明确规定，因查封、扣押发生的保管费用由行政机关承担。故对于交管部门履行法定职责对车辆合理扣押期间产生的停车费用应由交管部门承担，不应由被侵权人负担。如果被侵权人接到交管部门通知后怠于提取车辆导致停车费用的发生，该费用交管部门有权收取，但因其属于被侵权人人为扩大的非合理发生的损失，其无权向侵权人主张赔偿。

四、交通事故中的其他法律问题

> **73** 人身损害赔偿纠纷案件中，社会医疗保险机构已经垫付受害人的医疗费用，受害人能否向侵权人另行主张赔偿？

遇事

2023年6月6日，绿野公司职员刘某驾驶公司的汽车外出联系业务，行驶至一路口时，因刹车不及时将张某撞翻在地。交警大队调查后认定，刘某承担事故的全部责任。张某伤愈后主张赔偿未果，遂将刘某、绿野公司以及为肇事车承保的保险公司一并诉至法院，要求三被告承担赔偿责任。在答辩状中，保险公司认为，医疗费票据中张某自己支付的仅有4000元，其余均是市基本医疗保险基金大病统筹支付的。张某主张医疗费时，应先将医保中支出的费用剔除，即只应索赔其自费的4000元，否则按8.4万多元索赔，张某反而会因受伤而获利，这有悖保险法的损失"填平"原则。本案中，社会医疗保险机构已经垫付受害人的医疗费用，受害人能否向侵权人另行主张赔偿？

说法

医疗保险垫付的医疗费用不能从损害赔偿中直接扣减，也不能将此部分费用由侵权人赔偿给被侵权人。本案中，社保机构支付了受害人的医疗费用，此时社保机构取得了向侵权人的追偿权，即社保机构有权向侵权人主张该部分医疗费。对于没有参加诉讼的社保机构，法院应通知其作为有独立请求权的第三人参加诉讼。

找法

《中华人民共和国社会保险法》

第三十条 下列医疗费用不纳入基本医疗保险基金支付范围：

（一）应当从工伤保险基金中支付的；

（二）应当由第三人负担的；

（三）应当由公共卫生负担的；

（四）在境外就医的。

医疗费用依法应当由第三人负担，第三人不支付或者无法确定第三人的，由基本医疗保险基金先行支付。基本医疗保险基金先行支付后，有权向第三人追偿。

举一反三

> 患者通过社会医疗保险报销的部分医疗费是否属于侵权责任人应当赔偿的范围，实务中普遍认为，当由侵权行为发生的一部分医药费从医保中已得到报销时，实际上已经减轻了受害人的损失，已减轻部分不能再要求被告承担，否则其得到双重赔偿，与损害赔偿的填补功能相悖。在人身损害赔偿案件中，社会保险制度不能减轻侵权人的责任，而被侵权人也不能因侵权人的违法行为而获利。如果已经支付了医疗费的社会医疗保险机构没有参加该案诉讼，人民法院应当向其通知本案的诉讼情况，支持其行使追偿权。

四、交通事故中的其他法律问题

74 车辆发生交通事故后，法院是否支持贬值损失？

遇事

2021年5月22日14时左右，何某驾驶轻型普通货车在道路上行驶时，与姜某驾驶的小型客车发生碰撞。交警大队调查后认定，何某承担事故的全部责任。姜某认为何某的行为造成了自己车辆价值极大的贬损，要求何某赔偿所造成的贬值损失。协商无果后，姜某将何某诉至人民法院。何某称姜某所主张的贬值损失不属于直接损失，不应予以赔偿。本案中，关于姜某的车辆发生交通事故所造成的贬值损失，人民法院是否应予支持？

说法

交通事故纠纷中，当事人主张车辆价值贬损的，法院一般不予支持。本案中，审判人员认为姜某诉请赔付的车辆贬值损失虽然客观存在，但车辆贬值损失不是即时发生的直接损失，不符合《最高人民法院关于审理道路交通事故损害赔偿案件适用法律若干问题的解释》第12条所规定的财产损失赔偿范围，且原告车辆受损情况并不足以导致车辆的安全性遭受严重影响，故姜某该项诉讼请求缺乏法律依据，法院不予支持。

找法

《最高人民法院关于审理道路交通事故损害赔偿案件适用法律若干问题的解释》

第十二条　因道路交通事故造成下列财产损失，当事人请求侵权人赔偿的，人民法院应予支持：

183

（一）维修被损坏车辆所支出的费用、车辆所载物品的损失、车辆施救费用；

（二）因车辆灭失或者无法修复，为购买交通事故发生时与被损坏车辆价值相当的车辆重置费用；

（三）依法从事货物运输、旅客运输等经营性活动的车辆，因无法从事相应经营活动所产生的合理停运损失；

（四）非经营性车辆因无法继续使用，所产生的通常替代性交通工具的合理费用。

举一反三

最高人民法院在《关于"关于交通事故车辆贬值损失赔偿问题的建议"的答复》中提到："从理论上讲，损害赔偿的基本原则是填平损失，因此，只要有损失就应获得赔偿，但司法解释最终没有对机动车'贬值损失'的赔偿作出规定。主要原因在于，我们认为，任何一部法律法规以及司法解释的出台，均要考虑当时的社会经济发展情况综合予以判断，目前我们尚不具备完全支持贬值损失的客观条件：（1）虽然理论上不少观点认为贬值损失具有可赔偿性，但仍存有较多争议，如因维修导致零部件以旧换新是否存在溢价，从而产生损益相抵的问题等；（2）贬值损失的可赔偿性要兼顾一国的道路交通实际状况。在事故率比较高、人们道路交通安全意识尚需提高的我国，赔偿贬值损失会加重道路交通参与人的负担，不利于社会经济发展；（3）我国目前鉴定市场尚不规范，鉴定机构在逐利目的驱动下，对贬值损失的确定具有较大的任意性。由于贬值损失数额确定的不科学，导致可能出现案件实质上的不公正，加重侵权人的负担；（4）客观上讲，贬值损失几乎在每辆发生事故的机动车上都会存在，规定贬值损失可能导致本不会成诉的交通事故案件大量涌入法院，不利于减少纠纷。综合以上考虑，目前，我们对该项损失的赔偿持谨慎态度，倾向于原则上不予支持。当然，在少数特殊、极端情形下，也可以考虑予以适当赔偿，但必须慎重考量，严格把握。我们会继续密切关注理论界和审判实务中对于机动车贬值损失赔偿问题的发展动态，加强调查研究，将来如果社会客观条件允许，我们也会适当做出调整。"

因此，对当事人主张车辆贬值损失的，应按前述最高人民法院答复的精神处理，例如，对造成车辆可修复性外观损坏、可替换性部件损坏等情况，原则上不支持贬值损失。当事人主张贬值损失并申请鉴定的，人民法院应当从严掌握，避免贬值鉴定程序启动的任意性。对于购买年限或行驶里程相对较短的车辆造成严重损害，足以使车辆严重贬值，给车辆所有人造成重大损失的，可酌情赔偿其贬值损失。总之，在贬值损失赔偿案件中，应充分考虑当事人的过错程度、经济状况、负担能力、车辆价值差别等因素，避免因裁判使一方当事人负担过重，导致利益严重失衡。

75 交通事故中，签订赔偿协议后能否起诉要求撤销？

遇事

2019年12月6日10时50分，第三人杨某某驾驶小型普通客车在某路口左转时，将在人行横道行走的刘某撞倒致伤。交警大队调查后认定，第三人杨某某承担此起事故的全部责任。第三人杨某某在某保险公司投保了交强险及商业三者险。

2021年1月，刘某与某保险公司签订一份赔偿协议，载明：被保险人为第三人杨某某，受害人为刘某。保险公司赔偿刘某各项损失（医疗费、护理费、伙食补助费、交通费、营养费、后续治疗费、残疾辅助器具费）合计15391.24元，此外还约定"1.本次事故经各方当事人协商一致，达成上述协议，今后各方无涉；2.医疗费中非医保费用双方同意保险公司不予理赔且后续不再向保险公司主张。"但第三人未签字确认该协议。协议签订后，保险公司按协议约定向刘某支付了赔偿款项。

保险公司支付上述赔偿款后，刘某于2021年9月向法院提起诉讼，认为赔偿协议签订显失公平，应撤销。刘某在签订赔偿协议并履行完毕后是否有权主张撤销？

说法

本案的争议焦点在于案涉赔偿协议是否可撤销。《中华人民共和国民法典》规定，一方利用对方处于危困状态，缺乏判断能力等情形，致使民事法律行为成立时显失公平的，受损害方有权请求人民法院或者仲裁机构予以撤销。当事人自知道或者应当知道撤销事由之日起1年内、重大误解的当事人自知道或者应当知道撤销事由之日起90日内行使撤销权。本案约定的赔偿数额较低且在协议特别约定第2条中注明"医疗费中非医保费用双方同意保险公司不予理赔且后续不再向保险公司主张"。对于原告而言，显系显失公平，原告提出撤销也在法律规定的1年期间内，故法院支持刘某撤销协议的诉求。

找法

《中华人民共和国民法典》

第一百五十一条　一方利用对方处于危困状态、缺乏判断能力等情形，致使民事法律行为成立时显失公平的，受损害方有权请求人民法院或者仲裁机构予以撤销。

举一反三

实践中，存在协议部分有效，部分无效的情形。如果上述案例超出撤销时限，无法行使撤销权，单就《赔偿协议书》中其他条款显失公平，但已确定的理赔数额的约定未违反法律规定，那么对于数额约定的条款仍然有效。民事法律行为部分无效，不影响其他部分效力的，其他部分仍然有效。

遇事找法：交通事故纠纷一站式法律指引

76 公共道路妨碍通行导致的交通事故，哪些主体应承担责任？

遇事

刘某1与杨某系夫妻，刘某2系二人之子。2021年10月1日2时40分，刘某2驾驶一轻型厢式货车（有车牌）由西向东行驶时，为躲开一辆由东向西驶来的大货车，与路南侧砖垛接触，造成车辆及砖损坏，刘某1、刘某2受伤的交通事故。刘某1后经医院抢救无效死亡。交通部门不能确定发生交通事故的原因，对此次事故未作具体责任认定。事故发生地段无路灯照明，张某1在事故现场堆放沙堆，沙堆占用了白线以内机动车道2米左右，且其未在沙堆西侧设置警示标志。张某2在事故现场堆放砖垛，砖垛紧邻马路白线，在白线之外。基于上述事实，刘某2、杨某提起诉讼，要求张某1、张某2、某养护五处、某公路分局连带赔偿医疗费、丧葬费、死亡赔偿金、精神损害抚慰金共计707392.66元。原告因公共道路存在妨碍通行情况，起诉要求各方主体承担该起交通事故的连带赔偿责任是否可以得到法院支持？

说法

本案的争议焦点为公共道路妨碍通行导致的交通事故，哪些主体应承担责任？对于公共道路妨碍通行致害侵权责任对应的责任主体一般为两类：一是在公共道路堆放、倾倒、遗撒妨碍通行物品的行为人；二是负有保障公共道路安全和畅通法定义务的公共道路管理部门。对于不同主体归责原则的适用，有不同的学理意见，但在司法审判实务中，多采用二元论的观点，即对在公共道路堆放、倾倒、遗撒妨碍通行物品的行为人，适用无过错责任的归责原则，任何法人、公民和其他组织在公共道路上堆放、倾倒、遗撒妨碍通行的物品造成他人损害的，应承担侵权责任，而无论其有无主观过错；对负

四、交通事故中的其他法律问题

有保障公共道路安全和畅通法定义务的公共道路管理部门，适用过错推定的归责原则，在其不能证明无过错的情况下，应当承担侵权责任。本案中，经审理，认定张某1、张某2、某养护五处堆放物品致发生交通事故，应承担赔偿责任。某公路分局无过错，不承担赔偿责任。

找法

《中华人民共和国民法典》

第一千二百五十六条 在公共道路上堆放、倾倒、遗撒妨碍通行的物品造成他人损害的，由行为人承担侵权责任。公共道路管理人不能证明已经尽到清理、防护、警示等义务的，应当承担相应的责任。

举一反三

根据《中华人民共和国民法典》第1173条的规定，被侵权人对同一损害的发生或者扩大有过错的，可以减轻侵权人的责任。因此，即使行为人确实实施了在公共道路堆放、倾倒、遗撒妨碍通行物品的行为，亦可以通过举证证明受害人存在过错而减轻自身的赔偿责任。

77 农村"五保户"因交通事故致死，获赔的死亡赔偿金应归谁所有？

遇事

2023年4月2日，万某某驾驶小型轿车行驶至某交叉路口时，与正在通过人行横道的驾驶人力三轮车的周某发生碰撞，造成周某受伤、三轮车损坏的交通事故。事故发生后，周某被送往某市人民医院，经抢救无效于当日死亡。事后，某市公安局交警大队对该事故作出了认定，认定万某某、周某在该事故中承担同等责任。经查，万某某驾驶的机动车向某保险公司投保了交强险和商业三者险，该起事故发生在保险期限内。另查明，周某为五保户，周某5、周某4、周某3、周某2与周某系叔侄关系，周某5、周某4、周某3、周某2共同提起诉讼，要求万某某投保的保险公司承担赔偿责任。本案中，原告是否适格，是否可以作为死者代理人要求保险公司承担交通事故赔偿责任？

说法

本案的争议焦点为农村"五保户"因交通事故死亡，谁是赔偿权利人。依据《最高人民法院关于审理人身损害赔偿案件适用法律若干问题的解释》第1条第1款、第2款规定，因生命、身体、健康遭受侵害，赔偿权利人起诉请求赔偿义务人赔偿财产损失和精神损害的，人民法院应予受理；"赔偿权利人"，是指因侵权行为或者其他致害原因直接遭受人身损害的受害人以及死亡受害人的近亲属。近亲属包括配偶、父母、子女、兄弟姐妹、祖父母、外祖父母、孙子女、外孙子女。

本案中，死者周某系某市某村五保户，另外周某生前赡养及生老病死均由村委会全权负责，双方签订了扶养协议，周某的父母、祖父母、外祖父母、兄弟均已不在世，周某无妻子、子女、姐妹、孙子女、外孙子女。本案原告仅与周某为叔侄关系，并非周某的近亲属，故非本案赔偿权利人，法院认定本案起诉原告主体不适格。本案的赔偿权利人应为与周某签订有扶养协议的村委会。

找法

《最高人民法院关于审理道路交通事故损害赔偿案件适用法律若干问题的解释》

第二十三条第一款 被侵权人因道路交通事故死亡，无近亲属或者近亲属不明，未经法律授权的机关或者有关组织向人民法院起诉主张死亡赔偿金的，人民法院不予受理。

《最高人民法院关于审理人身损害赔偿案件适用法律若干问题的解释》

第一条 因生命、身体、健康遭受侵害，赔偿权利人起诉请求赔偿义务人赔偿物质损害和精神损害的，人民法院应予受理。

本条所称"赔偿权利人"，是指因侵权行为或者其他致害原因直接遭受人身损害的受害人以及死亡受害人的近亲属。

本条所称"赔偿义务人"，是指因自己或者他人的侵权行为以及其他致害原因依法应当承担民事责任的自然人、法人或者非法人组织。

举一反三

被侵权人因道路交通事故死亡，无近亲属或者近亲属不明的，代他们支付医疗费、丧葬费等合理费用的单位或者个人，可以请求保险公司在交强险责任限额范围内予以赔偿。

> **78** 因交通事故致残，赔偿权利人在残疾赔偿金计算年限届满后仍然生存，能否继续请求赔偿义务人支付残疾赔偿金？

遇事

2005年12月，李某驾驶小型客车与张某某驾驶的大型货车相撞，致乘车的倪某受伤。交警大队调查后认定，张某某雨天驾车未确保安全，超速行驶，负事故全部责任。

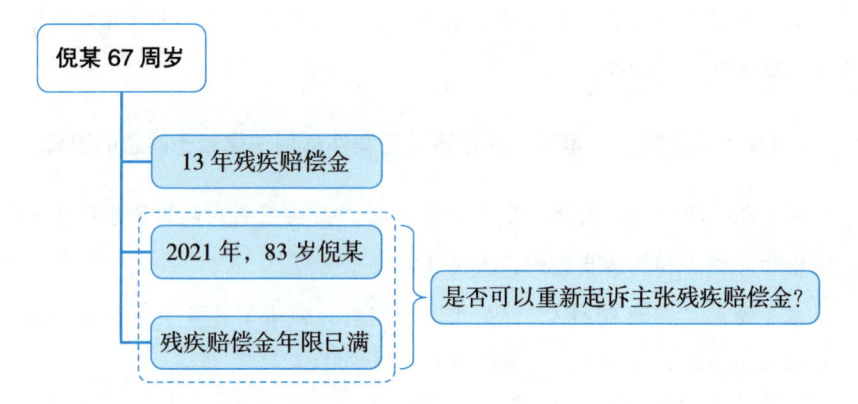

```
倪某 67 周岁
    ├── 13年残疾赔偿金
    ├── 2021年，83岁倪某 ┐
    │                    ├── 是否可以重新起诉主张残疾赔偿金？
    └── 残疾赔偿金年限已满┘
```

另查明，倪某为城镇居民，其伤情经司法鉴定构成9级伤残。2006年，倪某诉至法院，要求张某某及其投保的保险公司赔偿相应损失。事发时倪某年龄为67周岁，法院对倪某主张的13年残疾赔偿金予以支持，即残疾赔偿金给付年限至其80岁。2021年8月，83岁的倪某以超过确定的残疾赔偿金给付年限为由再次诉至法院，要求保险公司继续给付残疾赔偿金，该诉讼请求能否得到法院支持？

说法

本案的争议焦点为残疾赔偿金计算年限届满后仍然生存，是否可以继续请求赔偿义务人支付残疾赔偿金？依据《最高人民法院关于审理人身损害赔偿案件适用法律若干问题的解释》第12条规定，残疾赔偿金根据受害人丧失劳动能力程度或者伤残等级，按照受诉法院所在地上一年度城镇居民人均可支配收入标准，自定残之日起按20年计算。但60周岁以上的，年龄每增加1岁减少1年；75周岁以上的，按5年计算。本案中，2006年倪某首次起诉要求赔偿，定残时为67周岁，故法院支持的残疾赔偿金的给付年限为13年。根据上述司法解释第19条的规定，超过确定的护理期限、辅助器具费给付年限或者残疾赔偿金给付年限，赔偿权利人向人民法院起诉请求继续给付护理费、辅助器具费或者残疾赔偿金的，人民法院应予受理。赔偿权利人确需继续护理、配制辅助器具，或者没有劳动能力和生活来源的，人民法院应当判令赔偿义务人继续给付相关费用5至10年。本案中，倪某因9级伤残且年事已高，没有劳动能力，故其以已超过确定的残疾赔偿金给付年限为由，再次主张残疾赔偿金符合法律规定，可以得到法院支持。

🔍 找法

《最高人民法院关于审理人身损害赔偿案件适用法律若干问题的解释》

第十二条 残疾赔偿金根据受害人丧失劳动能力程度或者伤残等级，按照受诉法院所在地上一年度城镇居民人均可支配收入标准，自定残之日起按二十年计算。但六十周岁以上的，年龄每增加一岁减少一年；七十五周岁以上的，按五年计算。

受害人因伤致残但实际收入没有减少，或者伤残等级较轻但造成职业妨害严重影响其劳动就业的，可以对残疾赔偿金作相应调整。

第十九条 超过确定的护理期限、辅助器具费给付年限或者残疾赔偿金给付年限，赔偿权利人向人民法院起诉请求继续给付护理费、辅助器具费或者残疾赔偿金的，人民法院应予受理。赔偿权利人确需继续护理、配制辅助器具，或者没有劳动能力和生活来源的，人民法院应当判令赔偿义务人继续给付相关费用五至十年。

举一反三

在人民法院确定的残疾赔偿金给付期限届满后，如果赔偿权利人仍然生存，且没有劳动能力和生活来源，则将继续产生赔偿费用，只要损害事实仍然存在，赔偿权利人向人民法院请求保护的诉权不应受到诉讼次数的限制。但应同时满足没有劳动能力和生活来源两个条件，如不满足其一，则无法继续主张。

四、交通事故中的其他法律问题

79 "优者危险负担"原则在认定交通事故损害赔偿责任中如何运用？

遇事

2023年3月15日9时许，被告赵某驾驶小型轿车行驶至某路段时，与横过马路但未走人行横道的行人柳某相撞，造成原告柳某受伤、车辆受损的交通事故。交警大队调查后认定，柳某、赵某承担此起事故同等责任。某科学技术鉴定研究所对原告柳某目前的精神损害和本次交通事故所致脑外伤之间的因果关系、伤残等级、护理期、营养期及护理人数的鉴定意见为：1.被鉴定人柳某目前的精神损害与本次交通事故所致脑外伤之间具有直接因果关系；2.被鉴定人柳某的轻度智力缺损（偏重）伤残等级为七级；其肋骨骨折伤残等级为八级；其外伤性癫痫伤残等级为九级。原告诉至法院，请求被告承担赔偿责任，那么本案如何划分赔偿责任？

说法

交通事故的责任人对交通事故造成的人身损害应承担民事赔偿责任。根据《中华人民共和国民法典》第1213条规定，机动车发生交通事故造成损害，属于该机动车一方责任的，先由承保机动车强制保险的保险人在强制保险责任限额范围内予以赔偿；不足部分，由承保机动车商业保险的保险人按照保险合同的约定予以赔偿；仍然不足或者没有投保机动车商业保险的，由侵权人赔偿。本案中，柳某与被告赵某承担同等责任，故被告赵某应按责任比例对原告承担侵权赔偿责任。按照优者危险负担原则，柳某为行人，机动车一方赵某应按60%的比例赔偿原告。

找法

《中华人民共和国民法典》

第一千二百一十三条　机动车发生交通事故造成损害，属于该机动车一方责任的，先由承保机动车强制保险的保险人在强制保险责任限额范围内予以赔偿；不足部分，由承保机动车商业保险的保险人按照保险合同的约定予以赔偿；仍然不足或者没有投保机动车商业保险的，由侵权人赔偿。

《中华人民共和国道路交通安全法》

第七十六条　机动车发生交通事故造成人身伤亡、财产损失的，由保险公司在机动车第三者责任强制保险责任限额范围内予以赔偿；不足的部分，按照下列规定承担赔偿责任：

（一）机动车之间发生交通事故的，由有过错的一方承担赔偿责任；双方都有过错的，按照各自过错的比例分担责任。

（二）机动车与非机动车驾驶人、行人之间发生交通事故，非机动车驾驶人、行人没有过错的，由机动车一方承担赔偿责任；有证据证明非机动车驾驶人、行人有过错的，根据过错程度适当减轻机动车一方的赔偿责任；机动车一方没有过错的，承担不超过百分之十的赔偿责任。

交通事故的损失是由非机动车驾驶人、行人故意碰撞机动车造成的，机动车一方不承担赔偿责任。

举一反三

交通事故发生后，交警大队出具道路交通事故责任认定书，认定双方负同等责任的情况下，应当按照优者危险负担原则，合理分配双方在事故中的责任。如果在实际过程中，交警大队没有出具交通事故责任认定书，人民法院则应当根据事故发生时的机动车车辆风险情况、事故的发生原因、造成严重损害的因素，确定各方的赔偿责任。

四、交通事故中的其他法律问题

> **80** 交通事故同时构成工伤并已获得工伤赔偿，受害人就交通事故要求保险公司赔偿是否可以获得法定支持？目前哪些项目不可获得"双赔"？

遇事

2021年3月22日，张某驾驶所有权归属陕西某公司的半挂车在交叉路口东侧绿化带断口处掉头时，与陈某驾驶的重型仓栅式货车相撞，造成张某受伤、两车受损的交通事故。交警大队调查后认定，张某负本次交通事故的主要责任，陈某负次要责任。另查明，张某于2020年11月入职该公司，岗位为司机，月工资4000元。事故发生后，该公司就本次事故为张某申请工伤认定，工伤决定机构于2021年5月作出《认定工伤决定书》，张某也申请了伤残等级鉴定以及停工留薪鉴定，确定伤残等级为9级，停工留薪期为4个月，并经劳动仲裁确定赔偿数额。现原告张某起诉要求被告陈某以及车辆承保的保险公司就误工费、护理费、住院伙食补助费、营养费、残疾赔偿金、鉴定费承担责任。本案原告张某就同一事故已经获得工伤赔偿后，是否可以要求保险公司就其诉讼请求赔偿项目承担赔偿责任？

```
          ┌─ 交强险及商业三者险 ─┐
   事故 ─┤                      ├─ 是否可以获得双重赔偿？
          └─ 工伤保险 ──────────┘
```

说法

本案的争议焦点为原告张某已就同一事故获得工伤赔偿，是否可以获得

197

双倍赔偿？首先，本案原告张某作为交通事故受害方，有权依照《中华人民共和国民法典》之规定获得侵权赔偿，同时作为劳动者，有权依照《工伤保险条例》之规定获得工伤保险待遇。在该起事故中，用人单位和侵权人应分别依法承担相应的赔偿责任，不因受害方先行获得一方全部或部分赔偿而免除或减轻另一方的责任，即不论受害方主张哪个先、哪个后，法院都应予以支持。交通事故侵权赔偿与工伤保险待遇，两者具有不同的法律性质，并行不悖，受害方可以获得法定范围内的"双重赔偿"。故，虽本案中张某已经获得工伤赔偿，但并不以此免除被告陈某以及保险公司的承保责任。另并非所有项目均可获得"双赔"，有的观点认为，除医疗费均可获得双重赔偿；有的观点认为"误工费"与工伤赔偿项目中"停工留薪"均系对受害方因遭受事故造成的工资收入的减损进行赔偿，根据《最高人民法院关于审理人身损害赔偿案件适用法律若干问题的解释》第7条之规定，受害人有固定收入，误工费按照实际减少的收入计算，因此受害人不能因为一个损害行为获得重复利益。本案中，法官亦支持第二种观点，未支持原告关于误工费主张，认为医疗费、误工费不可获得"双赔"。

找法

《中华人民共和国社会保险法》

第三十条 下列医疗费用不纳入基本医疗保险基金支付范围：

（一）应当从工伤保险基金中支付的；

（二）应当由第三人负担的；

（三）应当由公共卫生负担的；

（四）在境外就医的。

医疗费用依法应当由第三人负担，第三人不支付或者无法确定第三人的，由基本医疗保险基金先行支付。基本医疗保险基金先行支付后，有权向第三人追偿。

《最高人民法院关于审理人身损害赔偿案件适用法律若干问题的解释》

第七条 误工费根据受害人的误工时间和收入状况确定。

误工时间根据受害人接受治疗的医疗机构出具的证明确定。受害人因伤致残持续误工的，误工时间可以计算至定残日前一天。

受害人有固定收入的，误工费按照实际减少的收入计算。受害人无固定收入的，按照其最近三年的平均收入计算；受害人不能举证证明其最近三年的平均收入状况的，可以参照受诉法院所在地相同或者相近行业上一年度职工的平均工资计算。

举一反三

目前，对于交通事故与工伤竞合的情形，只有医疗费有明确规定不能双倍支持，其余费用，如误工费、护理费、交通费、住院伙食补助费、被抚（扶）养人生活费等，有的法院根据人身损害赔偿"损失填平"以及不能因同一损害而获得法外利益的法律原则，不支持双重赔偿。

图书在版编目（CIP）数据

交通事故纠纷一站式法律指引 / 李涵宇, 陈丹编著. 北京：中国法治出版社，2025.7. -- （遇事找法 / 张润主编）. -- ISBN 978-7-5216-5370-0

I. D922.144

中国国家版本馆CIP数据核字第2025HC1172号

策划编辑：潘环环
责任编辑：刘海龙　　　　　　　　　　　　　封面设计：周黎明

交通事故纠纷一站式法律指引
JIAOTONG SHIGU JIUFEN YIZHANSHI FALÜ ZHIYIN

主编 / 张　润
编著 / 李涵宇　陈　丹
经销 / 新华书店
印刷 / 三河市紫恒印装有限公司
开本 / 710毫米×1000毫米　16开　　　　印张 / 13.25　字数 / 192千
版次 / 2025年7月第1版　　　　　　　　　 2025年7月第1次印刷

中国法治出版社出版
书号 ISBN 978-7-5216-5370-0　　　　　　　　　　定价：48.00元

北京市西城区西便门西里甲16号西便门办公区
邮政编码：100053　　　　　　　　　　　　传真：010-63141600
网址：http://www.zgfzs.com　　　　　　　编辑部电话：010-63141814
市场营销部电话：010-63141612　　　　　 印务部电话：010-63141606
（如有印装质量问题，请与本社印务部联系。）